AI와 함께 쓰는 조세법 박사논문 작성법

조세법 박사학위 논문, 어떻게 쓰나요?

AI와 함께 쓰는 조세법 박사논문 작성법

조세법 박사학위 논문, 어떻게 쓰나요?

박훈 지음

들어가며 (개정판)

2017년에 이 책을 처음 펴낸 이후 어느덧 8년이라는 시간이 흘렀습니다. 조세법 분야에서 박사학위 논문을 준비하는 분들께 작은 길잡이가 되기를 바라는 마음으로 시작했던 이 책은, 그 사이 제 박사제자가 21명에서 30명으로 늘었고, 제 교수 생활도 20년을 훌쩍 넘기며 또 하나의 이정표를 지나고 있습니다.

그 사이 학문을 둘러싼 환경은 크게 달라졌습니다. 특히 인공지능(AI)의 발전은 학술연구의 전 과정에 걸쳐 커다란 변화를 가져왔습니다. 연구 자료의 접근성은 비약적으로 높아졌고, 논문 작성 역시 다양한 AI 도구의 도움을 받을 수 있게 되었습니다. 동시에 연구윤리에 대한 고민도 한층 더 깊어지고 있습니다. AI 기술은 우리에게 새로운 가능성을 열어주기도 하지만, 그만큼 책임 있는 활용이 필요한 시점이기도 합니다.

이번 개정판에서는 다음과 같은 내용이 반영되었습니다.

첫째, 조세법 박사논문을 어떻게 구성할 것인지에 대해 초판에서 제시했던 틀을 유지하되, 최근 논문 경향과 사례를 반영하여 내용을 업데이트하였습니다. 장별 구성 방식과 작성 시 유의사항은 여전히 유효한 내용이지만, 보다 명확한 설명과 실질적인 도움을 주기 위해 세부 설명을 보완하였습니다.

둘째, 조세법 분야에서 해외 입법례를 활용할 때 필요한 주요 외국 자료, 웹사이트, 관련 국내 연구기관 정보(예: 한국조세재정연구원, 지방세연구원 등)를 최신화하였습니다. 기존 초판의 기본 구성을 유지하되, 접근 가능한 DB와 사이트, 활용팁 등을 현실에 맞게 정비하였습니다.

셋째, 논문 작성에 있어 인용 방법은 여전히 중요하며, 초판에서 제시했던 인용 기준을 유지하면서, 최근 AI 기반 작성물 처리에 대한 고민을 반영하여 인용과 출처 명시에 대한 안내를 보완하였습니다.

넷째, 이번 개정판의 핵심은 "AI와 함께 쓰는 조세법 박사논문 작성법"이라는 부제목에 담겨 있듯, 실제 박사논문을 AI 도구를 활용해 분석한 사례를 수록한 점입니다. ChatGPT 4o(유료 버전), 구글 Gemini 2.0 Flash(무료 버전) 등을 활용하여 국문초록, 논문 전체, 박사논문 전체의 연구동향까지 분석해 본 결과를 정리하였습니다. 최근에는 AI 작성 여부를 탐지할 수 있는 유사도검색 프로그램(예: 카피킬러 AI탐지기능 등)도 도입되고 있어, 연구윤리 차원에서도 고민이 필요한 시점입니다. 이러한 AI 도구의 활용은 연구자에게 더 넓은 시야를 제공할 수 있는 수단이 될 수 있으며, 올바른 방식으로 사용될 경우 오히려 더욱 의미 있는 연구 성과로 이어질 수 있음을 이번 사례를 통해 확인하였습니다.

다섯째, 제2장에서는 기존 초판에서 2016년까지 수록되었던 국내 조세법 박사학위자 목록을 2025년까지로 대폭 확장하였습니다. 박사논문 200개 넘는 목록이 제시되고 있습니다. 특히 서울시립대학교 세무전문대학원에서 제가 직접 지도한 박사학위 논문 30편을 별도로 정리하여, 그 축적된 흐름과 주제의 다양성을 확인할 수 있도록 구성하였습니다.

마지막으로, 제3장에서는 제가 직접 지도한 박사학위 논문 초록30편을 수록하였습니다. 이를 통해 논문 주제 설정, 개요 작성, 서론·결론 구성 등에 실질적인 도움을 받을 수 있기를 기대합니다.

논문을 쓴다는 것은 때로는 스스로의 생명력을 조금씩 깎아내는 고된 작업처럼 느껴질 수도 있습니다. 그러나 그것이 결국은 학문적 성취라는 목표를 향해 나아가는 여정임을 믿습니다. 이 책이 그러한 길 위에서 작은 이정표이자 든든한 동반자가 되기를 바라며, 변화하는 시대 속에서도 AI를 현명하게 활용하고, 동시에 연구자로서의 윤리를 지켜가는 모든 이들을 응원합니다.

2025년 4월

박훈

들어가며 (초판)

2003년에 서울시립대학교 세무학과 교수(당시 전임강사)가 된 지 어느덧 14년이 넘어서고 있다. 세무학과에서 학부생을 가르치면서 또한 세무전문대학원에서 석사, 박사과정을 가르쳤고, 2009년 서울시립대학교가 로스쿨을 개원하며 특성화 분야를 조세법으로 정하면서 세무학과 교수와 로스쿨 교수를 겸보하면서 로스쿨 학생에게 2009년 처음 국세기본법에 대한 강의를 한 바도 있다. 또한 일본과 미국에 각각 연구년을 다녀오기도 하고, 1년 넘게 국세청의 본청 국장(납세자보호관, 개방직 직위)으로도 근무한 바 있다.

개인적으로 이러한 여러 가지 일들을 거치기는 했지만 학자로서 가장 보람된 일은 과연 무엇일까? 좋은 제자를 만나 함께 연구하고 논문을 발표하는 일이 그 하나라 할 수 있다. 우리나라 학문의 세계에서 외국박사와 서울대, 연세대, 고려대의 국내박사의 영향력이 큰 상황에서 서울시립대학교의 교수로서 박사학위자를 배출하며 학계에 의미 있는 기여를 하는 것이 쉽지 않은 것도 사실이다.

그렇지만 조세법 분야의 경우 회계학, 재정학 등 교육과 어울려 다양한 학부 배경과 실무경험을 갖고 있는 학생들에게 박사학위과정의 교육과 그 귀결인 박사 논문 학위 수여를 통해 서울시립대학교 세무전문대학원이 나름의 좋은 영향력을 학계와 실무에 미치고 있다고 평가해 볼 수 있다. 서울시립대학교 세무전문대학원과 세무학과, 그리고 법학전문대학원에 여러 조세법 교수님들이 계시고 그분들과 함께 일단 박사과정에 입학한 학생들이 학자로서 첫걸음을 내디딜 수 있도록 지금껏 도와주었고 그 과정에서 나 스스로도 많은 것을 배운 바 있다.

박사 논문이 사회적 기여도 해야 하지만 최근 연구윤리의 강화 등으로 글 쓰는 것이 더욱 조심스러워진 것도 사실이다. 나 스스로 글을 쓰면서도, 그리고 논문을 지도하면서도 신경 쓰고 조심하는 부분이기도 하고 학교에서도 연구윤리를 제도적으로 환기시키는 여러 노력도 하고 있다. 또한 어떠한 글이 좋은 글인지에 대해서도 학문마다 연구자마다 조금씩 기준이 다르고 또 변화하고 있다.

이러한 상황에서 지금껏 내가 실제로 박사 논문을 지도했던 학생들의 논문 현황과 국문초록을 정리해 봄으로써 앞으로의 연구나 논문지도의 방향을 점검해 보고자 이번 자료집을 만들어 보았다. 특히 박사 논문 배출학생이 20명이 넘는 시기에 최근 박사 논문을 낸 학생에게 선물로서의 의미도 있다. 그리고 그 후배들에게 박사 학위 교육과정 중 논문작성에 대한 실제 사례를 위한 교육자료로도 활용할 예정이다.

이 자료집을 만들기 위해 풀타임 학생으로는 처음으로 대학교수가 된 허원 교수와 풀타임 학생으로 석사부터 시작해서 이제 박사과정에 입학한 문필주 조교가 수고를 해 주었다. 스스로 박사 논문이 부끄럽다 하는 학생들에게도 해당 취지를 소개하고 국문초록의 발췌를 허락받아 자료집에 포함시켰고 사정이 여의치 않은 경우에는 논문 취지만 포함시켰다. 내가 박사 논문 심사위원이나 심사위원장으로 참여하거나 수업에서 지도한 박사들도 있지만 일단 내가 지도교수였던 학생들을 대상으로 하였다.

　2007년 8월에 교수가 된 지 5년 즈음해서 그동안 써 왔던 상속세, 증여세, 지방세, 부동산 관련해서 글을 묶어 『재산세법연구 I』을 발간한 바 있는데, 이번은 20명이 넘는 박사 논문 지도를 했던 학생들의 현황과 국문초록을 묶어 발간한다는 점에서 또 다른 의미를 갖는다. 이번 책 작업, 엄밀히 말하면 자료집은 조세법학이라는 학문의 영역에서 은사이신 서울대의 이태로 명예교수님, 이창희 교수님을 다시금 떠올리는 작업이기도 했다. 제자가 또 다른 사람의 스승이 되면서 그 이전 스승의 학은에 감사할 수밖에 없을 것이다. 가족에 대한 감사도 있지만 그 무엇보다도 이 모든 것을 인도하신 하나님께 영광을 돌린다.

2017년 3월
박훈

목차

|제2장| 조세법 박사학위 현황

|제3장| 조세법 박사학위 실제 사례(초록 중심)

조세법 박사학위 작성법

제1절
조세법 학위논문 구성의 예

조세법 학위논문을 작성하는 방법은 학자에 따라 다양하겠지만 실제 박사
논문을 준비하는 학생들에게 기본적인 사항을 전달한다는 점에서 하나의 예로
서 제시하는 것입니다.[1]

1. 기본적인 학위논문(박사)의 구성체계

제1장 서론

제2장 일반이론

제3장 현행제도

제4장 입법례

제5장 문제점

제6장 개선방안

제7장 결론

참고문헌

---

[1] 해당 자료는 2013.10.26. 2013년 한국세무학회 추계학술발표대회에서 석박사학위 논문을 작성하는 학회
회원 및 학생들을 대상으로 저자가 발표한 자료를 재정리한 것입니다.

일반적인 조세법 박사 논문은 다음과 같은 체계적인 구성을 따릅니다. 이는 논문의 논리적 흐름을 명확히 하고, 연구 내용을 효과적으로 전달하기 위한 기본적인 틀입니다.

제1장 서론: 연구의 출발점이 되는 장으로, 왜 이 연구가 필요한지, 무엇을 밝히고 싶은지, 그리고 어떤 방법으로 연구를 진행할 것인지 등을 명확하게 제시합니다.

제2장 일반이론: 연구 주제와 관련된 핵심적인 이론들을 심층적으로 다루는 장입니다. 조세법의 기본 원칙, 조세에 대한 다양한 관점, 해석 방법론, 과세권자와 납세자에 대한 입장, 그리고 사법과의 관계 등을 논하며, 이후 논의의 이론적 토대를 마련합니다.

제3장 현행 제도: 연구 주제와 관련된 현재 우리나라의 법률, 판례, 그리고 관련 제도들을 분석하고 설명하는 장입니다. 단순히 나열하는 것이 아니라, 연구의 쟁점과 관련하여 필요한 핵심 내용을 중심으로 설명해야 합니다.

제4장 입법례: 현행 제도의 문제점을 파악하고 개선 방안을 모색하기 위해, 다른 나라의 관련 법률 및 제도들을 비교 분석하는 장입니다. 주로 우리나라 법제도에 영향을 준 미국과 일본의 사례가 중요하게 다뤄지며, 필요에 따라 EU 국가들의 사례도 참고할 수 있습니다.

제5장 문제점: 앞서 분석한 현행 제도의 문제점을 구체적으로 지적하고 비판하는 장입니다. 이때, 제2장에서 제시된 일반이론을 바탕으로 논리적인 일관성을 유지하는 것이 중요합니다.

제6장 개선방안: 제5장에서 제시된 문제점들을 해결하기 위한 구체적인 대안을 제시하는 장입니다. 단순히 아이디어를 나열하는 것이 아니라, 현행 제도의 연혁, 주요국의 입법례, 그리고 저자의 논리적인 분석을 바탕으로 실현 가능한 방안을 제시해야 합니다.

제7장 결론: 논문의 전체 내용을 요약하고, 연구의 의의와 한계, 그리고 앞으로의 연구 방향 등을 제시하는 장입니다. 서론에서 제시된 연구 목적과 긴밀하게 연결

되어야 하며, 해석론과 입법론을 명확히 구분하여 논해야 합니다.

참고문헌: 논문 작성 과정에서 참고한 모든 문헌들을 체계적으로 정리하여 제시합니다. 이는 연구의 신뢰성을 높이고, 다른 연구자들이 참고할 수 있도록 돕는 중요한 부분입니다.

2. 세부적인 장별 구성방법

각 장은 특정한 목적을 가지고 있으며, 효과적인 논문 작성을 위해서는 각 장의 구성 방법을 정확히 이해하고 따라야 합니다.

○ 서론의 구성 방법

서론은 독자에게 연구의 배경, 목적, 방법, 그리고 범위를 명확하게 전달하는 역할을 합니다.

(1) 연구목적: 왜 이 논문을 쓰게 되었는지에 대한 배경(예: 최근 판례의 변화, 학계의 새로운 논의 등)을 설명하고, 논문을 통해 무엇을 보여주고자 하는지(예: 기존 법률에 대한 새로운 해석 제시, 입법적인 개선 방향 제시 등)를 명확하게 밝혀야 합니다.

(2) 연구방법: 주로 문헌 연구 방법을 사용하며, 설문 조사나 통계적 방법은 제한적으로 활용될 수 있습니다. 연구 방법을 간략하게 언급하여 독자가 연구의 접근 방식을 이해하도록 돕습니다.

(3) 연구범위: 논문의 전체 구성을 미리 보여주는 부분으로, 각 장에서 어떤 내용을 다룰 것인지 간략하게 기술합니다. 또한, 연구의 한계점이나 논의에서 제외되는 부분을 명확히 밝힐 수 있습니다.

○ 일반이론의 구성 방법

일반이론은 논문의 핵심 주장을 뒷받침하는 이론적 기반을 제공합니다.

(1) 조세법의 기본원칙: 조세법률주의와 조세평등주의(실질과세의 원칙 포함) 중 자신의 입장을 명확히 밝히고, 그 이유를 논리적으로 설명해야 합니다.

(2) 조세에 대한 입장: 조세를 단순히 재정 수입 확보의 수단으로 볼 것인지, 아니면 특정 정책 목표 달성을 위한 도구(정책세제)로 볼 것인지에 대한 자신의 견해를 제시합니다.

(3) 조세법 해석 방법론: 조세법 해석 시 유추해석을 금지할 것인지, 아니면 목적론적 해석을 허용할 것인지에 대한 자신의 입장을 논합니다.

(4) 과세권자에 대한 입장: 과세권자의 권한을 강조하는 국고주의적 입장과 납세자의 권익 보호를 우선시하는 납세자편의적 입장 중 어느 쪽을 지지하는지 밝힙니다.

(5) 사법과의 관계: 세법을 독자적인 법 영역으로 강조할 것인지, 아니면 일반 사법과의 통일성을 중시할 것인지에 대한 의견을 제시합니다.

(6) 문제점과 개선방안에 공통적으로 적용되는 기준 제시: 이후 논의될 문제점 분석과 개선 방안 제시의 기준이 되는 핵심적인 가치나 원칙을 제시해야 합니다.

(7) 논문심사 중반에 완성도가 높아지는 경우가 많음: 일반이론은 깊이 있는 사고를 요구하므로, 논문 작성 과정을 통해 점차 구체화되고 발전될 수 있습니다.

(8) 논문 개선방안을 이끌어 갈 직접적인 이론상 다툼을 자세히 씀: 자신의 개선 방안을 정당화하기 위해 기존 이론들과의 차이점이나 논쟁점을 명확하게 제시해야 합니다. 위에서 언급된 일반적인 입장에 대해서는 반드시 결론을 내려야 하는 것은 아닙니다.

○ 현행 제도의 구성 방법

현행 제도는 실제 법률과 판례를 기반으로 설명되어야 합니다.

(1) 법령과 판례 등을 기반으로 설명: 관련된 법 조항과 중요한 판례들을 정확하게 인용하고 분석하여 설명해야 합니다.

(2) 교과서의 경우처럼 자세한 설명을 요구하는 것이 아님: 연구의 쟁점과 직접적으로 관련된 핵심 내용 위주로 간결하게 설명해야 합니다.

(3) 뒤의 입법례 등과도 세부적인 목차가 일관성 있을수록 좋음: 현행 제도, 입법례, 문제점, 그리고 개선 방안의 세부 목차를 일관성 있게 구성하면 논리적인 흐름을 만들고 시사점을 도출하는 데 도움이 됩니다.

(4) 현행 제도뿐만 아니라 해당 제도의 연혁도 살펴보아야 할 때도 있음: 제도의 변화 과정을 이해하는 것이 문제점 분석과 개선 방안 모색에 중요한 통찰력을 제공할 수 있습니다.

(5) 2장 등 여러 장들과 분량도 고려해야 할 때도 있음: 논문의 전체적인 균형을 위해 각 장의 분량을 적절하게 조절해야 합니다.

(6) 일반적인 개념은 꼭 인용을 달아야 하는 것은 아님: 널리 알려진 일반적인 법률 개념에 대해서는 굳이 인용을 달 필요는 없지만, 법령이나 판례에 기반한 내용은 반드시 출처를 명확히 밝혀야 합니다. 자신의 문구로 다듬어 설명하더라도 출처 표시는 필수적입니다.

(7) 표 등도 인용표시 등 확실히 하여야 함: 통계 자료나 법률 조항 등을 표로 제시할 경우에도 정확한 출처를 명시해야 합니다.

(8) 국회 의안정보, 기재부 및 국세청 개정세법해설 등도 중요자료: 법률 제정 과정이나 정부의 정책 방향을 파악하는 데 중요한 자료가 될 수 있습니다.

○ 입법례의 구성 방법

입법례 연구는 현행 제도의 문제점을 객관적으로 평가하고, 새로운 아이디어를 얻는 데 필수적인 과정입니다.

(1) 통상 선진국으로서 미국, 우리나라 법제도 참조가 된 일본이 주요 검토대상국이 됨: 이 두 나라는 조세법 분야에서 오랜 역사와 발전된 시스템을 가지고 있어 중요한 참고 대상이 됩니다.

(2) 해당 나라의 기본서(개설서뿐만 아니라 해당 세목의 저명한 책)에 대한 것은 구입 또는 도서관 등 통해 확보 필요: 깊이 있는 입법례 연구를 위해서는 해당 국가의 권위 있는 학자들이 저술한 전문 서적을 참고해야 합니다.

(3) 국내 선행연구 통해 해당 제도 이해한 이후에도 직접 해당 나라의 기본서, 법령 등 원문 접근을 할 필요가 있음: 이차적인 연구 자료에 의존하기보다는 원문을 직접 확인하여 정확한 정보를 파악하는 것이 중요합니다. 특히 세법은 자주 개정되므로 최신 규정을 확인해야 합니다.

(4) 논문의 내용에 따라 EU, EU국가 중 영국, 독일 등도 검토대상국이 될 수 있음: 연구 주제의 특성에 따라 더 적합한 입법례를 가진 국가들을 추가적으로 검토할 수 있습니다.

(5) 입법례 제대로 접근하려면 언어의 한계, 자료수집의 어려움 때문에 시간이 많이 소요될 수 있음: 외국어 능력과 자료 접근성이 입법례 연구의 중요한 요소이며, 충분한 시간을 확보하여 연구를 진행해야 합니다.

(6) 점차적으로 우리나라 독자적인 법제도를 구축해 가면서 외국의 좋은 제도를 가져오는 것만으로 논문 완성도를 높이기 어려워지고 있음: 단순히 외국의 제도를 소개하는 것을 넘어, 우리나라의 현실에 맞게 적용하고 발전시키는 방안을 모색해야 논문의 가치를 높일 수 있습니다.

○ 문제점과 개선방안의 구성 방법

문제점과 개선방안은 논문의 핵심적인 내용으로, 저자의 독창적인 분석 능력과 문제 해결 능력을 보여주는 부분입니다.

(1) 문제점과 개선방안은 일반이론에서 기준이 제시되면 논리일관성 있게 쓸 수 있음: 제2장에서 설정한 이론적 기준을 바탕으로 문제점을 분석하고, 그 기준에 부합하는 개선 방안을 제시해야 논리의 일관성을 유지할 수 있습니다.

(2) 문제점 제시가 일관성이 있어야 함: 때로는 목적론적 해석을, 때로는 유추해석을 통해 문제점을 도출하는 것은 논리적 비약으로 이어질 수 있으므로 주의해야 합니다. 일관된 관점에서 문제점을 분석해야 합니다.

(3) 문제점과 개선방안을 쟁점별로 장을 나누어 그 안에서 문제점과 개선방안을 제시하는 것을 더 권함: 각 쟁점별로 문제점과 개선 방안을 명확하게 제시하는 것이 독자의 이해를 돕고 논리적인 흐름을 강화합니다.

(4) 개선방안의 경우 우리나라의 현행 제도의 연혁, 주요국의 입법례, 저자의 논리 등이 결합되어 제시되어야 함: 단순히 외국의 사례를 모방하거나 피상적인 아이디어를 제시하는 것이 아니라, 다각적인 분석과 깊이 있는 고민을 통해 실질적인 개선 효과를 가져올 수 있는 방안을 제시해야 합니다.

(5) 개선방안이 더 큰 문제점을 가져올 수도 있음: 새로운 개선 방안을 제시할 때는 그로 인해 발생할 수 있는 부작용이나 새로운 문제점을 함께 고려하고, 그에 대한 해결책도 제시할 수 있어야 합니다.

(6) 기존 선행연구의 결합 정도 수준의 문제점 제시만으로는 좋은 논문이 될 수 없음: 기존 연구를 바탕으로 하되, 자신만의 독창적인 시각과 분석을 통해 새로운 문제점을 발견하거나 기존 문제점을 심화하여 분석해야 합니다.

○ 결론의 구성 방법

결론은 논문의 마지막 인상을 결정짓는 중요한 부분입니다.

(1) 종전 쟁점의 요약과 연구의 한계 등을 논함: 논문에서 다룬 주요 쟁점들을 간략하게 요약하고, 연구 과정에서 드러난 한계점을 솔직하게 언급해야 합니다.

(2) 서론, 국문요약 등과 연계성이 높음: 서론에서 제시한 연구 목적과 결론이 일치하는지 확인하고, 국문 요약과도 내용이 자연스럽게 연결되도록 작성해야 합니다.

(3) 해석론과 입법론을 명확하게 하여야 함: 논문의 결론이 기존 법률에 대한 새로운 해석을 제시하는 것인지, 아니면 법률 개정의 필요성을 주장하는 것인지 명확히 밝혀야 합니다.

(4) 입법론 시 법개정안의 구체적 조문까지 제시할 필요는 없으나, 취지와 방향은 제시할 수 있음: 법률 개정을 제안하는 경우, 구체적인 법 조항 문구까지 제시할 필요는 없지만, 어떤 방향으로 개정이 이루어져야 하는지에 대한 기본적인 취지와 방향은 제시해야 합니다.

(5) 결론이 명확하지 않다면 문제점, 개선방안 등을 다시 손보는 등 장별 피드백이 논문 마무리될 때까지 계속되어야 함: 결론이 명확하게 도출되지 않았다면, 앞선 장들의 논리를 다시 검토하고 수정하는 과정을 거쳐야 합니다.

○ 참고문헌의 구성 방법

참고문헌 목록은 논문의 신뢰성을 높이는 중요한 요소입니다.

(1) 각주에 있는 문헌의 정리: 논문 각주에 인용된 모든 문헌을 빠짐없이 목록에 포함시켜야 합니다.

(2) 각주에 없더라도 주요하게 참고한 문헌의 정리: 논문에 직접적으로 인용되지 않았더라도 연구에 중요한 영향을 미친 문헌이 있다면 함께 포함시키는 것이 좋습니다.

(3) 국내문헌, 외국문헌: 단행본, 논문, 기타자료 등으로 구분 가능: 참고문헌을 종류별로 구분하여 제시하면 독자가 정보를 찾기 쉽도록 돕습니다.

(4) 재인용 표시 등 정확한 출처표시는 권장할 만하나, 쉽게 확인가능한 문헌의 경우에는 재인용 피하는 것이 바람직함: 다른 문헌에서 재인용한 경우 원 출처를 명확히 밝히는 것이 원칙이지만, 쉽게 구할 수 있는 자료라면 원문을 직접 참고하여 인용하는 것이 좋습니다.

(5) 해당 학교의 편집원칙에 따라 편집: 각 대학원마다 참고문헌 작성 방식에 대한 규정이 있으므로, 해당 규정을 정확히 확인하고 따라야 합니다.

3. 작성 시 유의사항 8가지

성공적인 박사 논문 작성을 위해서는 다음과 같은 사항들을 항상 염두에 두어야 합니다.

(1) 해당 논문이 무엇이 독창적인 것인지 항상 고민하라: 박사 논문은 단순히 기존 연구를 요약하거나 반복하는 것이 아니라, 새로운 아이디어나 분석을 제시하는 창의적인 결과물이어야 합니다.

(2) 박사 논문은 문제제기뿐만 아니라 대안까지 제시하는 것이 바람직하다: 심도 있는 문제 분석과 함께, 그 문제에 대한 실질적인 해결책을 제시하는 것이 박사 논문의 중요한 목표입니다.

(3) 최근 표절방지가 강화되고 있다. 윤리규정에 대해 미리 배우고 위반되지 않도록 주의하여야 한다. 다른 문헌 참고는 출처를 분명히 밝히고 참고의 제한된 범위를 잘 지키면 된다: 표절은 연구 윤리에 어긋나는 심각한 행위이므로, 논문 작성 전에 반드시 표절 기준과 예방 방법을 숙지하고, 다른 문헌을 참고할 때에는 정확하게 출처를 밝혀야 합니다.

(4) 박사 논문 쓰기 전 중요쟁점만을 소논문으로 써보는 것도 의의가 있다. 다만 박사 논문 주제 일부에 대해 별도 논문 쓰는 것에 대해서는 부정적인 의견도 있다. 소논문으로 쓴 내용을 그대로 박사 논문에 가져오는 것이 아니라면 소논문 쓰는 것은 권장할 일이다: 박사 논문 작성 전에 주요 쟁점에 대해 소논문을 써보는 것은 연구 아이디어를 구체화하고 논리력을 향상시키는 데 도움이 될 수 있습니다. 다만, 소논문 내용을 그대로 박사 논문에 옮기는 것은 지양해야 합니다.

(5) 논문 주요 쟁점에 대해서 자주 토론을 가져라: 지도교수님이나 동료 연구자들과 논문의 주요 쟁점에 대해 끊임없이 토론하는 것은 새로운 아이디어를 얻고 논리를 발전시키는 데 매우 효과적입니다.

(6) 논문을 쓰면서 최근 학계 논의, 최근 문헌 등에도 관심을 가져라: 논문 작성 중에도 꾸준히 학계의 최신 연구 동향과 새로운 문헌들을 확인하고, 자신의 논문에 반영할 수 있는 부분이 있는지 검토해야 합니다.

(7) 논문 쓰는 것도 글쓰기의 하나이므로 좋은 문장을 쓰기 위한 노력을 해야 한다. 주어 생략, 수동형태, 번역투의 문체, 한 문장 한 문단 등은 피하는 것이 좋다. 특히 번역투의 문체는 법학의 경우 일본어 번역에서 자주 나타난다. 읽고 수정하고 또 수정하여야 한다: 명확하고 간결하며 논리적인 문장을 사용하는 것은 효과적인 논문 전달의 기본입니다. 불필요한 주어 생략, 수동태 남용, 어색한 번역투, 그리고 지나치게 길거나 짧은 문장이나 문단은 피하는 것이 좋습니다. 끊임없는 퇴고를 통해 문장의 완성도를 높여야 합니다.

(8) 지도교수와 자주 상의하라: 지도교수님은 논문 작성 과정 전반에 걸쳐 가장 중요한 조력자입니다. 연구 주제 선정부터 논문 작성 및 심사에 이르기까지 꾸준히 지도교수님과 상의하고 피드백을 받는 것이 성공적인 논문 완성을 위한 필수적인 과정입니다.

제2절
주요국의 조세법령 등 검색

1. 국내에서 이용 가능한 외국 법령 웹DB

국회도서관(https://www.nanet.go.kr)에서는 국내외 정보원을 온라인으로 이용할 수 있는 고급 데이터베이스를 제공합니다. 이 중 Web-DB 이용 서비스(https://www.nanet.go.kr/datasearch/webdb/selectLegalDBList.do)는 국회 내에서 접속이 가능하며, 고가의 유료 DB임에도 도서관 이용자라면 별도의 비용 부담 없이 이용할 수 있는 곳입니다. 일부 대학교 도서관에서도 해당 DB를 구독하고 있어 자택에서도 온라인으로 접속할 수 있는 경우가 있습니다.[2]

조세법령 관련하여 대표적인 국가는 미국, 일본, 독일이며, 이들에 대해 간단히 소개하면 다음과 같습니다. 이용 방법에 대해서는 국회도서관 법률정보실에서 제공한 국문 매뉴얼인 "의회·법령 웹DB 이용자 매뉴얼"(2015.12.28)을 참고하면 좋습니다.

---

2   예산상의 이유로 구독여부가 바뀌는 경우가 있습니다.

(1) 미국

○ Westlaw(https://1.next.westlaw.com)

미국의 대표적인 유료 웹DB로, 판례, 법령, 논문, 서적, 보고서 등 다양한 자료를 제공합니다. 영국, 캐나다, EU 등 국제자료도 포함되어 있습니다. 국회도서관을 물론, 서울시립대학교 도서관에서도 구독중인 DB입니다.

○ HeinOnline(http://heinonline.org)

법학 저널 및 U.S. Federal Register의 원문을 PDF로 제공하는 세계적인 법학 전문 DB입니다. 국회도서관과 서울대학교에서는 구독중인 DB이나, 서울시립대학교에서는 구독을 하고 있지 않습니다.

○ Lexis(https://www.lexis.com)

Westlaw와 함께 미국의 대표적인 유료 법률정보 데이터베이스입니다. 미국 연방 및 주 법령, 판례, 법률뉴스, 로펌 분석자료, 학술저널 등 폭넓은 콘텐츠를 제공합니다. 특히 세법 관련 자료도 방대하여, 관련 판례나 해석, 분석 기사 등을 종합적으로 검토할 수 있습니다. 국제법, 기업법, 환경법 등 다양한 주제별로도 검색이 가능하며, 법률 전문가 및 연구자들이 널리 사용하는 플랫폼입니다. 국회도서관과 서울시립대학교 도서관도 구독하고 있지 않지만, 서울대학교 도서관에서는 구독하고 있습니다.

○ Kluwer Law Online(https://www.kluwerlawonline.com)

국제법 및 비교법 분야에서 권위 있는 Kluwer Law International 출판사의 저널, 논문, 전문 서적 등을 제공하는 유료 웹DB입니다. 국제조세, 중재, EU법, 상사법 등 다양한 영역의 최신 이론과 판례해설을 포함하고 있으며, 국제기구와 주요 국가의 법률자료도 폭넓게 다루고 있습니다. 미국, 유럽, 아시아 등지의 법률 실무와 학술 연구에 모두 활용되는 고급 정보원입니다. 경희대학교 도서관에서 구독 중인 DB입니다.

(2) 일본

○ TKC Law Library(http://ipos.lawlibrary.jp)

일본 최대의 법률정보 DB로, 판례, 법령, 저널 등의 자료를 제공합니다. 국회도서관, 서울대학교에서 구독중인 DB입니다.

○ 법고(法庫)

일본의 최신 법령, 정령, 조약 등을 제공하며, 1996년 이전은 무료, 이후는 유료로 제공됩니다. 국회도서관에서 구독중인 DB입니다.

○ Westlaw Japan(http://www.westlawjapan.com)

일본의 법령, 판례, 서적 등을 검색할 수 있으며, 서울시립대학교 도서관에서 구독중인 DB입니다.

(3) 독일

○ Beck Online(http://beck-online.beck.de)

독일의 대표적인 법률정보 DB로, 주석서, 핸드북, 백과사전 등을 포함합니다. 국회도서관, 서울시립대학교, 서울대학교 도서관에서도 구독중인 DB입니다.

2. 주요한 외국 세법 관련 기관 웹사이트

우리나라의 국회(https://www.assembly.go.kr),[3] 대법원(https://www.scourt.go.kr),[4] 헌법재판소(https://www.ccourt.go.kr), 기획재정부(https://www.moef.go.kr), 행정안전부(https://www.mois.go.kr), 법제처(https://www.moleg.go.kr),[5] 국세청(https://nts.go.kr),[6] 관세청(https://www.customs.go.kr), 조세심판원(https://www.tt.go.kr), 한국세무사회(https://www.kacpta.or. kr), 한국공인회계사회(https://www.kicpa.or.kr), 한국조세재정연구원(https://www.kipf.re.kr), 한국지방세연구원(https://www.kilf.re.kr) 등과 같은 기관의 웹사이트와 대응되는 미국, 일본, 독일의 웹사이트를 찾는다면 법령, 판례, 각종 보고서 등의 자료를 무료로 확인할 수 있습니다. 다만 우리나라의 경우처럼 국가 차원에서 방대하고 의미 있는 자료를 무료로 제공하고 있지는 않은 것으로 보입니다.

법제처 세계법제정보센터 사이트(https://world.moleg.go.kr)의 관련 사이트 란에서는 여러 나라의 법제정보 관련한 사이트가 소개되어 있습니다. 미국, 일본, 독일의 경우 주요한 것도 이러한 자료에 모두 포함되어 있습니다. 여기에서는 미국, 일본의 경우를 살펴봅니다.

---

3 국회 의안정보시스템 사이트(http://likms.assembly.go.kr/bill/main.do)에서는 처리된 의안, 계류 중인 의안, 의안통계 등을 볼 수 있다.

4 대한민국 법원 종합법률정보 사이트(http://glaw.scourt.go.kr)에서 판례, 법령, 문헌 등 자료 접근이 무료로 가능하다.

5 법제처 국가법령정보센터 사이트(http://www.law.go.kr)에서 법령(연혁법령까지)뿐만 아니라 법령 조문별 판례까지 무료로 접근이 가능하다.

6 국세청 국세법령정보시스템 사이트(https://taxlaw.nts.go.kr)에서 세법 관련 판례, 법령, 문헌 등 자료 접근이 무료로 가능하다.

(1) 미국

미국은 의회가 양원제로 운영됩니다. 단순히 우리나라 국회와 똑같을 것으로 상정하고 자료를 접근할 때 부딪치는 첫 부분이기도 합니다. 미국 상원 사이트 (http://www.senate.gov), 미국 하원 사이트(http://www.house.gov)가 있습니다.

미국 연방대법원(Supreme Court of the United States)은 우리나라의 대법원과 헌법재판소의 역할을 함께 하고 있습니다. 미국은 헌법재판소가 별도로 없습니다. 미국 연방대법원 사이트(https://www.supremecourt. gov)가 있습니다. 미국 연방국세청 사이트(https://www.irs.gov)가 있습니다.

기관의 사이트가 어디인가에 대한 것도 자료를 찾는 데 도움이 될 수 있지만, 미국 연방법령은 Westlaw 말고 공식적인 정부차원에서 제공하는 것은 어디인가도 중요하다고 할 것입니다.

1995년 제104대 국회부터 법률정보를 제공해 온 기존의 Thomas (http://thomas.loc.gov: 2016.7.5. 폐쇄)를 계승한 것으로 연방법률정보를 제공하는 새로운 공식 웹사이트(https://www.congress.gov)가 있습니다. 미국정부인쇄국(GPO, U.S. Government Printing Office)의 공식 사이트(http://www.gpo.gov)에서는 연방법령과 함께, 행정법규, 의회법안, 청문회자료, 의회보고서 등을 검색할 수 있습니다. 미국 하원 소속 법률개정자문기구(Office of the Law Revision Counsel)는 U.S.C.의 주제별 편찬을 관리하는 기구로서 그 사이트(http://uscode.house. gov)에서는 주제별 · 속명 · 회기별 등을 검색요소로 하여 법률에 접근할 수 있습니다.[7]

주정부의 법령은 주입법부 전국회의(NCSL, National Conference of State Legislatures)

---

7 미국 법전의 유형은, 속보식 법전(Slip Laws), 회기별 법전(Session Laws), 주제별 법전(Codes), 주석식 법전(Annotated Codes) 등으로 나눌 수 있다. 이러한 미국 연방법전에 대한 자세한 내용은, 신영수, "미국 법전의 편제방식과 법령정보의 검색 · 인용방법", 『법학논고』 제32집, 경북대학교 법학연구원, 2010.2, pp.677-708 참조.

의 사이트(http://www.ncsl.org)에서 주제별, 주별로 검색이 가능합니다.

(2) 일본

일본의 의회도 양원제로서 일본 참의원(상원) 사이트(http://www.sangiin. go.jp), 일본 중의원(하원) 사이트(http://www.shugiin.go.jp)가 있습니다.

일본 전자정부 종합창구 법령데이터 제공시스템 사이트(http://www.e-gov.go.jp)는 우리나라 법제처 국가법령정보센터 사이트(http://www.law. go.kr)와 같이 상세한 현행 법령을 제공하고 있다. 단순비교를 한다면 우리나라의 것이 훨씬 더 풍부한 내용을 담고 있습니다. 위 일본 전자정부의 법령데이터에서 세법을 찾는다면 사항별 검색의 경우 국세(国税), 지방재정(地方財政)을 찾으면 국세관련 법령과 지방세관련 법령을 각각 찾을 수 있습니다. 우리나라 법제처와 대응될 수 있는 일본 내각법제국(内閣法制局, Cabinet Legislation Bureau) 사이트(http://www.clb.go.jp)에서도 법령을 확인할 수 있는데 내각법제국에 제출된 법률 및 조약을 직접 살펴볼 수 있다는 데 특징이 있습니다.

일본 국세청 사이트(http://www.nta.go.jp)에서는 국세청 통계연보, 기본통칙, 해석사례 등을 볼 수 있습니다. 일본 국세청 산하의 세무대학교에서 발간하는 전문지인 세대논총(税大論叢)은 온라인(http://www.nta.go.jp/ ntc/kenkyu/ronso.htm)상 소논문 형태의 것을 확인할 수 있습니다. 우리나라의 조세심판원과는 달리 국세청 산하에 있는 일본의 국세불복심판소(国税不服審判所)의 사이트(http://www.kfs. go.jp)에서는 심판례를 소개하고 있습니다.

일본의 대법원(最高裁判所, Supreme Court of Japan)의 사이트(http://www.courts.go.jp)에서는 주된 대법원 판례를 소개하고 있기도 합니다. 다만 우리나라의 법원의 종합법률정보 사이트(http://glaw.scourt. go.kr)와 같이 다양한 자료를 담고 있지는 않습니다. 일본의 경우 대법원이 헌법재판소의 기능도 함께하고 있습니다.

일본 내각부내 세제조사회(稅制調查会, The Tax Commission)는 우리나라의 세제발전심의회와는 달리 연중 가동하고 토의자료도 공개하고 회장은 매번 기자회견을 실시하는 등 활발히 세법개정에 대한 논의를 담당하고 있습니다. 따라서 이곳 사이트(http://www.cao.go.jp/zei- cho/index.html)는 세제에 대한 중요한 자료를 찾아볼 수 있는 곳입니다.

일본세무사회(日本稅理士会連合会, Japan Federation of Certified Public Tax Accountants' Associations)는 15개의 지방세무사회로 구성되어 있고 그 사이트(http://www. nichizeiren.or.jp)에서는 세무관련 자료를 확인할 수 있습니다.

3. 주요국의 세제에 대한 기본 국내자료

한국조세재정연구원에서는 주요국의 조세제도를 시리즈로 계속 발간해 오고 있습니다. 한국지방세연구원에서도 지방세와 관련해서는 주요국의 지방세제도를 발간한 바 있습니다. 미국, 일본, 독일 등 그 발간자료를 소개하면 다음과 같습니다.

(1) 한국조세재정연구원의 자료

장근호, "주요국의 조세제도-미국편-", 2004.6

http://www.kipf.re.kr/Publication/B/주요국의-조세제도-미국편-/792

장근호, "주요국의 조세제도: 미국편(Ⅰ)", 2009.12

http://www.kipf.re.kr/Publication/B/주요국의-조세제도-미국편(Ⅰ)/1173

장근호, "주요국의 조세제도-미국편(Ⅱ)", 2011.4

http://www.kipf.re.kr/Publication/B/주요국의-조세제도-미국편(Ⅱ)/2048

국중호, "주요국의 조세제도-일본편-", 2004.6

http://www.kipf.re.kr/Publication/B/주요국의-조세제도-일본편-/793

국중호, "주요국의 조세제도: 일본편", 2009.10

http://www.kipf.re.kr/Publication/B/주요국의-조세제도-일본편/1177

김유찬, "주요국의 조세제도-독일편-", 2004.6

http://www.kipf.re.kr/Publication/B/주요국의-조세제도-독일편-/795

김유찬·이유향, "주요국의 조세제도: 독일편", 2009.10

http://www.kipf.re.kr/Publication/B/주요국의-조세제도-독일편/1175

안창남, "주요국의 조세제도-프랑스편-", 2004.6

http://www.kipf.re.kr/Publication/B/주요국의-조세제도-프랑스편-/794

안창남, "주요국의 조세제도: 프랑스편", 2009.10

http://www.kipf.re.kr/Publication/B/주요국의-조세제도-프랑스편/1176

박정수, "주요국의 조세제도: 영국편", 2009.10

http://www.kipf.re.kr/Publication/B/주요국의-조세제도-영국편/1174

조세재정연구원에 2020년 전후해서 좀더 세부적으로 세원별로 발간한 주요국 자료도 의미가 있습니다.

주요국의 소득세제도, 2019.3

주요국의 소득세제도 제2권, 2020.3

주요국의 소비세제도(I)-부가가치세: 유럽연합 편, 2019.12

주요국의 소비세제도(I)-부가가치세: 독일 편, 2019.12

주요국의 소비세제도(I)-부가가치세: 프랑스편, 2019.12

주요국의 소비세제도(I)-부가가치세: 영국 편, 2019.12

주요국의 소비세제도(I)-부가가치세: 일본 편, 2019.12

주요국의 소비세제도(I)-부가가치세: 호주 편, 2019.12

해당 나라의 전반적인 소개만이 아니라 특정주제의 주요국 비교자료도 기본적인 자료조사시 유용하다.

[세법연구24-03] 주요국의 R&D 지원세제 현황 -특허박스제도를 중심으로-

[세법연구 24-02] 주요국의 탄소중립 설비투자 조세지원제도 연구

[세법연구24-01] 주요국의 디지털자산 과세제도 EU의 법적프레임을 중심으로

(2) 한국지방세연구원의 자료

박훈, "미국의 지방세제도", 2015.12

http://www.kilf.re.kr/frt/biz/pblcte/selectPblcteView.do?ctgry=RSRCH&pblcteId=2687

국중호, "일본의 지방세 제도", 2012.12

http://www.kilf.re.kr/frt/biz/pblcte/selectPblcteView.do?ctgry=RSRCH&pblcteId=928

이동식, "독일의 지방세 제도", 2012.12

http://www.kilf.re.kr/frt/biz/pblcte/selectPblcteView.do?ctgry=RSRCH&pblcteId=1072

안창남, "프랑스의 지방세 제도", 2013.9

http://www.kilf.re.kr/frt/biz/pblcte/selectPblcteView.do?ctgry=RSRCH&pblcteId=1348

김의섭, "영국의 지방세 제도", 2013.12

http://www.kilf.re.kr/frt/biz/pblcte/selectPblcteView.do?ctgry=RSRCH&pblcteId=1446

제3절
논문 등 인용방법

1. 인용방법 개관

박사학위 논문의 경우 해당 학교의 편집관련 규정에 따르는 것이 일반적입니다. 박사 논문을 편집할 때 해당 학교의 이전 박사학위 논문을 직접 비교해보는 것이 효율적인 방법 중 하나입니다. 그리고 인용방법에 혼란이 있는 경우에는 적어도 같은 논문에서는 통일적으로 인용하는 것이 좋습니다.

사단법인 한국법학교수회에서는 2000년 11월에 학자와 학생들을 위해 "법률논문을 작성하는 방법과 각국의 여러 법률문헌을 표시하고 인용하는 방법"을 담은 『논문작성 및 문헌인용에 관한 표준』이라는 책자를 발간한 바 있습니다.[8] 국내문헌으로는 비교적 권위 있는 인용방법에 대한 자료라 할 수 있습니다. 미국의 『The Bluebook: A Uniform System of Citation』은 다양한 인용방법을 정리하면서 개정판을 내고 있는데, 미국 로스쿨, 실무, 학계에서 여기서 사용하는 인용방법을 따르는 경우가 많습니다.[9] 위 『논문작성 및 문헌인용에 관한 표준』은 이러한 블루북의 1996년의 16판을 반영한 것입니다. 코넬대학교의 Peter

---

8 http://klpa.org/bbs/board.php?bo_table=klpa4&wr_id=1476에서 원문 확인 가능.

9 https://www.legalbluebook.com에서 확인 가능.

W. Martin이 제시한 미국 법률문헌의 기본 인용방법도 미국의 법률문헌에서 인용되는 자료를 이해하는 데 도움이 될 수 있습니다.[10]

서울시립대학교 세무전문대학원 시행세칙(일부개정 2015.07.07 규정 제1527호)의 별첨 "학위논문 체제 및 양식"에서는 학위논문 내 인용방법에 대해 제시를 하고 있습니다. 위 시행세칙에서는 "제64조(학위논문 작성체제 및 양식) ① 학위논문 작성체제 및 양식은 별첨과 같다"고 규정하고 있고, 별첨에서 "5) 위의 논문작성 지침의 내용은 논문의 내용, 각 연구분야별에 따라 수정하여 사용할 수 있다"고 하고 있습니다.[11]

2. 서울시립대학교 세무전문대학원 시행세칙상 인용방법

〈별첨〉(개정 2009. 3. 2, 2010.2 . 24, 2015. 7. 7)

학위논문 체제 및 양식

1. 학위논문 체제
   1) 논문기재 순서
      (1) 겉표지
      (2) 제출문
      (3) 인준서

---

10 https://www.law.cornell.edu/citation/toc에서 원문 확인 가능.

11 https://rule.uos.ac.kr/lmxsrv/law/lawFullView.srv?SEQ=202에서 원문 확인 가능. 서울시립대학교 세무전문대학원 시행세칙은 여러 차례 개정(최근 에는 2023. 06. 02)되었지만 해당 별첨은 그대로 유지되고 있다.

(4) 국문초록(본문이 외국어인 경우 외국어초록)(개정 2015.7.7)

(5) 속표지(표지와 동일)

(6) 목차

(7) 기호, 수표 및 도표의 목차(있는 경우에 한함)

(8) 본문

(9) 참고문헌

(10) 부록, 기타 (있는 경우에 한함)

(11) 영문초록(본문이 외국어인 경우는 국문초록)(개정 2015.7.7)

(12) 감사문(있는 경우에 한함)

(13) (삭제 2015.7.7)

2) 작성 요령

(1) 표지〈별지서식 1 참조〉

　① 제목과 성명은 국문으로 하며(한자 가능) 논문제목의 글자크기는 22
　　포인트로 하고, 부제의 글자크기는 16포인트로 한다. 영문제목이
　　있는 경우 국문제목 밑에 표기한다. 외국인의 경우 성명은 외국어
　　로만 표기한다.

　② 논문 발간 연도는 학위 수여일이 속하는 연, 월까지 표기한다.

　③ 표지에 기재되는 모든 사항은 중앙선을 중심으로 좌우 균형 있게
　　배열한다.

(2) 제출문 〈별지서식 2 참조〉(개정 2015. 7. 7)

　① 별지서식에 따라 작성하며, 제출일자는 연·월까지 표기한다.

　② 모든 사항은 중앙선을 중심으로 좌우 균형 있게 배열한다.

(3) 인준서〈별지서식 3,4 참조〉

(4) 국문초록, 외국어초록

① 본문이 국문인 경우는 앞에 국문초록, 본문 뒤에 외국어초록을, 본문이 외국어인 경우에는 앞에 외국어초록, 뒤에 국문초록을 작성한다.(개정 2015. 7. 7)

② 초록 하단에 논문의 주제를 나타내는 주요어(Keyword)를 표기한다. 주요어는 논문 검색시 색인어로 가능한 단어로서 논문의 주제를 가장 잘 나타낼 수 있는 것부터 나열한다.

(5) 페이지 매기기

① 표지와 제출문, 인준서, 국문초록에는 페이지를 매기지 않으며, 목차, 기호설명, 표 및 그림목차는 소문자 로마숫자로 일련번호를 매긴다(예 : ⅰ, ⅱ, ⅲ,…).(개정 2015. 7. 7)

② 본문부터 감사문까지는 아라비아 숫자로 페이지를 매긴다. 이 때 본문 중의 표 및 그림에도 페이지를 매긴다. (개정 2015. 7. 7)

(6) (삭제 2015. 7. 7)

(7) 목차

① 목차에는 본문, 참고문헌, 부록, 영문초록 등을 포함시키며, 제목 다음에 점선을 긋고 페이지 수를 단다.

예)

② 장, 절, 항의 구분은 다음 두 가지 중 하나를 택하여 사용한다.

예 i) 제1장 서론	예) ii) 1. 서론
제2장	2.
제1절	1.1
1.	1.1.1
2.	1.1.2
1)	1.1.2.1
2)	1.1.2.2
(1)	1.1.2.2.1
(2)	1.1.2.2.2
①	1.1.2.2.2.1
②	1.1.2.2.2.2
i)	1.1.2.2.2.2.1
ii)	1.1.2.2.2.2.2

2. 주와 참고문헌 (삭제 2015. 7. 7)

3. 논문작성 지침 (신설 2015. 7. 7)

1) 글자 크기와 문단 모양

(1) 초록, 본문 등의 내용 글은 11포인트로 하고, 장의 제목은 16포인트, 절의 제목은 14포인트, 그 외의 글자 크기는 자율적으로 정한다.

(2) 내용 글의 줄 간격은 200% 더블 스페이스로 한다.

2) 표와 그림

  (1) 표와 그림의 제목은 표와 그림의 바로 위에 표기하되, 제목 앞에 각 각 〈표 1〉 및 〈그림 1〉를 표기한다. 글자모양 및 크기는 본문과 동일 하게 하는 것을 원칙으로 한다.

  (2) 표와 그림에 해설과 출처 등이 필요한 경우는 주) 혹은 출처) 등으로 표와 그림 하단에 표시한다. 이 경우, 글자크기는 9포인트로 한다.

3) 주석과 본문의 문헌인용

  (1) 주석은 본문에 대한 참고사항, 보조설명을 본문에 삽입할 경우 본문 내용이 난해해지거나 설명의 일관성을 유지하기가 어려워지는 경우 에 한하여 사용한다. 주석의 글자크기 9포인트로, 글자모양은 본문 과 동일하게 한다.

    ① 주석은 각주(脚註; footnote)의 형태로 해당 페이지의 아래 부분에 다 는 것을 원칙으로 하되, 부득이한 경우 각장의 말미에 미주(尾註)로 달수도 있다.

    ② 주석에는 아라비아 숫자로 일련번호를 붙이며, 주석의 개수가 많을 경우에는 각 장별로 나누어 일련번호를 붙일 수 있다.

  (2) 논문 본문에 인용된 문헌의 경우, 다음과 같이 두 가지 방식중 한 방 법으로 표시할 수 있다.

    ① 논문본문에서 인용된 해당 문장(혹은 단어)에 주석으로 표시하고, 그 인용문헌을 주석의 내용으로 기재하는 방법

     가. 서적, 논문 등은 다음과 같이 표기하고, 특정 페이지를 인용한 경우는 해당 인용 페이지를 반드시 표시한다.

      a. 서적인 경우 :

(i) 동양서 : 저자,『책명』(제O판), 출판사, 출판연도, 면수.

예) 김세무,『세무학개론』(제2판), 세학사, 2003, 21-23면.

(ii) 서양서 : 저자, 책명(이탤릭체), (출판지 : 출판사), 출판연도, 페이지수.

예) Slemrod, Joel, *Do Taxes Matter : The Impact of the Tax Reform Act of 1986,* Cambridge, MA: MIT Press, 1990, p.35.(혹은 pp.35-40).

b. 논문인 경우 :

(i) 동양서 : 필자, "논문명",『간행물 명칭』제O권 제O호, (학회/출판사, 발행연월), 면수.

예) 김세무,"한국조세에 관한 연구",『세무학연구』제1권 제1호, 한국세무학회, 2000, 5-6면.

김세무·이세무, "미국조세에 관한 연구",『세무학연구』제3권 제2호, 7-8면.

(ii) 서양서 : 필자, 논문명, 간행물 명칭(이탤릭체), 권수(Vol. 생략), 호수(No. 첨가), (발행연월), 페이지수.

예) Avi-Yonah, Reuven S., For Haven's Sake : Reflection on Inversion Transactions, *Tax Notes* 95, No. 12, 2002, pp. 1794-1795.

나. 재인용의 경우 : 일련번호의 각주 내에서 일단 완전한 형식의 주를 기입한 뒤 동일한 문헌이나 논문을 다시 인용한 경우에는 약식주를 사용한다. 약식주의 형식은 다음과 같다.

a. 앞에서 인용한 논저를 재차 인용한 경우에는 필자명 다음에

앞의 책(또는 앞의 논문, 영문일 경우에는 *op. cit.* (이탤릭체))이라고 쓴다.

예) 홍길동, 앞의 논문, 20면.

    Auerbach, A. J., *op.cit.*, pp.61-63.

  b. 바로 앞의 주에서 인용했던 논저를 다시 인용한 경우에는 필자명 다음에 위의 책(또는 위의 논문, 영문일 경우에는 *Ibid.* (이탤릭체))이라고 쓴다. *Ibid.* 는 같은 페이지의 바로 앞 주에 인용되었을 경우에 사용하는 것이 원칙이지만, 조판과정에서 페이지가 달라도 사용하는 것은 허용한다.

② 논문본문에서 인용된 해당 문장이 있는 경우 문장의 끝에 괄호를 사용하여 저자명, 발행연도 및 쪽수를 표기하는 방법

  예) (김세무 1989) - 단독연구의 문헌인용

    (김세무 1989, 27) - 단독연구의 문헌인용(p. 혹은 pp.은 표시하지 않음)

    (김세무·이세무 1990, 217-218) - 2인의 공동연구의 문헌인용

    (김세무 외 1988, 12) - 3인 이상의 공동연구의 문헌이용

    (김세무 외 1988, 12 ; 오성·한음 1990, 217) - 둘 이상의 문헌인용

    (김세무 1999a, 12 ; 1999b, 22) - 같은 연도의 동일 저자에 대한 문헌인용

    (Kim 2005) - 단독연구의 문헌인용

    (Kim 2005, 120) - 단독연구의 문헌인용(p. 혹은 pp.은 표시하지 않음)

    (Kim and Lee 2005) - 2인의 공동연구의 문헌인용

    (Kim et al. 2005) - 3인 이상의 공동연구의 문헌인용

    (Kim 2004 ; Lee 2005) - 둘 이상 다른 저자의 문헌인용

    (Kim 2004, 2005) - 동일인 단독연구의 둘 이상 문헌인용

    (Kim 2005a) - 동일연도 동일인 단독연구의 문헌인용

    (Kim 2005b ; Lee 2004a) - 동일연도 동일인 단독연구가 둘인 경우

문헌인용

(AICPA Cohen Commission Report 1977) - 기관보고서의 인용

I.R.C. §1248(a) - 미국세법 법률인용

Treas. Reg. §1.1248-3(a)(4) - 미국세법 시행령인용

Rev. Rul. 82-1, 1982-1 CB 417 - 미국세법 시행규칙인용

a. 논문본문에서 저자명을 직접 언급할 때에는 저자명 뒤에 괄호를 사용하여 발행연도를 표기한다.

    예) 홍세무(2003)에 의하면, ……

        Beaver(2002)에 의하면, ……

(3) 저자가 둘 이상일 경우에는 이름을 모두 열거하거나, 아무개 외(영문일 경우는 et al.)라고 줄인다.

4) 참고문헌

(1) 참고문헌은 논문의 본문에서 인용된 것만 표시해야 하며, 인용되지 않고 단순히 참고한 것은 표시해서는 안된다.

(2) 서적과 논문의 구별없이 동양문헌(국내문헌을 가장 앞에 놓음), 서양문헌 순으로 배열한다. 저자의 이름을 기준으로 국내문헌은 가나다 순으로, 외국문헌은 ABC순으로 각각 배열한다. 같은 저자의 문헌을 같은 연도에 2개 이상을 인용한 경우 연도표시는 2002a, 2002b 등으로 표시한다. 단, 필요한 경우에는 자료, 저서, 논문, 기타 등으로 먼저 구분하고 각각의 안에서 위의 기준에 따라 배열한다.

(3) 서양문헌의 저자명은 성(Family name)을 앞에 적고 이름(given name)을 뒤에 적은 다음 abc순으로 배열한다. 단, 공동저자의 저자명은 그렇지 않다.

예) R. A. Musgrave —→ Musgrave, R. A.

(4) 일본인과 중국인 저자의 이름을 한자로 표기한 경우에는 현지의 발음을 기준으로 하여 가나다순으로 배열하는 것을 원칙으로 한다. 독일 문헌의 경우 출판사를 생략한다.

(5) 법조문을 인용하는 경우

① 본문의 경우 : 000법 제00조 제00항

② 괄호의 경우 : 000법 00조 00항

(6) 판례 등을 인용하는 경우

① 대법원 1996.4.26 선고, 96다1078 판결(공1996상, 1708).

＊ 공1996상, 1708→법원(판례)공보 1996년 상권, 1708면

② 대법원 1995.11.16 선고, 94다56852, 56853 전원합의체 판결(집 43-2, 316).

＊ 집43-2, 316→대법원판례집 제43권 2집 316면

③ 서울지법 남부지원 1995.1.18 선고, 94가합10574 판결(하집 1995-1, 67).

＊ 하집1995-1, 67→하급심판결집 1995년 제1권 67면

(7) 참고문헌의 서적과 논문은 다음의 예와 같이 표기 한다. 단, 인용문헌을 본문의 주석에 표시한 경우는 주석의 표시방법과 동일한 방법으로 표기하되, 구체적인 인용페이지는 표기하지 않으며 논문의 경우는 전체 논문의 해당페이지를 표시한다.

예) 김세무. 2000. "한국조세에 관한 연구". 세무학연구 제1권 제1호: 5-24.

김세무 · 이세무. 2002a. "미국조세에 관한 연구". 세무학연구 제3 권 제2호: 15-34.

_____. 2002b. "중국조세에 관한 연구". 세무학연구 제3 권 제3호: 25-45.

김세무. 2003. 「세무학개론」 제2판. 세학사.

국세청. 2005. "아프리카의 세금". http://www.nts.go.kr/(생략)/···.htm.

대법원. 1997.11.8. 선고. 97다118 판결.

American Accounting Association, Committee on Concepts and Standards for External Financial Reports. 1977. *Statement on Accounting Theory and Theory Acceptance*. Sarasota, FL: AAA.

Auerbach, A., and K. Hassett. 1990. Investment tax policy and the Tax Reform Act of 1986. *In Do Taxes Matter: The Impact of the Tax Reform Act of 1986*, edited by J. Slemrod. Cambridge, MA: MIT Press.

Bedard, J. C., and S. Biggs. 1990. Pattern recognition, hypothesis generation, and auditor performance in analytical review. Working paper, University of Connecticut.

Boness, J., and G. Frankfurter. 1977. Evidence of non-homogeneity of capital costs within risk classes. *Journal of Finance* (June): 775-787.

Hendershott, P. H., and D. C. Long. 1984a. Trading and the tax shelter value of depreciable real estate. *National Tax Journal* 37 (2): 213-214.

_____, and_____. 1984b. Prospective changes in the tax law and the value of depreciable real estate. *American Real Estate & Urban Economics Association Journal* 12 (Fall): 297-317.

Slemrod, J., ed. 1990. *Do Taxes Matter : The Impact of the Tax Reform Act of 1986*. Cambridge, MA: MIT Press.

Taussig, M. K. 1967. Economic aspects of the personal income tax treatment of charitable contributions. *National Tax Journal* 20 (1): 1-19.

U.S. Congress, House. 1975. *Tax Equity Bill of 1975* [H.R. 1040]. 94th Cong., 1st Sess.

Witte, A. D., and D. F. Woodbury. 1985. The effect of tax laws and tax administration on tax compliance. *National Tax Journal* 38 (1): 1-14.

5) 위의 논문작성 지침의 내용은 논문의 내용, 각 연구분야별에 따라 수정하여 사용할 수 있다.

3. 생성형 AI를 활용한 경우의 인용방법

생성형 AI 기반 작성물을 학문적으로 활용하기 위해서는 정확한 인용과 출처 명시가 필수적입니다. 특히 인문사회 분야에서는 연구의 투명성과 신뢰성이 중요하므로, AI 활용에 대한 명확한 가이드라인을 따르는 것이 중요합니다. 현재 주요 학문 분야에서 생성형 AI 인용 방식에 대한 논의가 활발하게 이루어지고 있으며, 대표적인 인문사회 분야 인용 스타일인 MLA와 Chicago 스타일이 있습니다. MLA 스타일 (Modern Language Association)은 Modern Language Association of America, MLA Handbook, 9th Edition, Modern Language Association of America, 2021이 대표적인 문헌으로, https://style.mla.org에서 인용방식을 확인할 수 있습니다. Chicago 스타일 (The Chicago Manual of Style)은 University of Chicago Press, The Chicago Manual of Style, 17th Edition, University of Chicago Press, 2017가 대표적인 문헌으로, https://www.

chicagomanualofstyle.org/home.html 에서 인용방식을 확인할 수 있습니다.

MLA 스타일은 AI 도구를 저자로 간주하지 않는 것을 권장합니다.

(예시) MLA 스타일의 예

"Describe the symbolism of the green light in the book The Great Gatsby by F. Scott Fitzgerald" prompt. *ChatGPT*, 13 Feb. version, OpenAI, 8 Mar. 2023, chat.openai.com/chat.

(해설) AI 도구에 제시한 프롬프트(명령어)를 따옴표 안에 넣어 기술하고, 그 뒤에 "prompt"라고 명시합니다. AI 도구의 이름을 이탤릭체로 표기합니다. 사용한 AI 도구의 버전을 가능한 한 구체적으로 명시합니다. 버전 정보에 날짜가 포함되어 있다면 날짜 형식으로 표기합니다. 출판사는 AI 도구를 개발한 회사 이름을 명시합니다. 발행일은 콘텐츠가 생성된 날짜를 명시합니다. 위치: AI 도구의 일반적인 URL을 제시합니다. ChatGPT와 같이 개인 로그인 기반인 경우 chat.openai.com/chat과 같은 일반 링크를 사용합니다.

Chicago 스타일에서는 AI 도구를 콘텐츠의 저자로 간주한다는 것이 특징입니다.

(예시) Chicago 스타일의 예

ChatGPT-4, response to "Tell me how to fix a flat bicycle tire," OpenAI, September 30, 2024.

(해설) AI 도구 이름 및 버전을 적습니다. 프롬프트 (텍스트 내에 언급되지 않은 경우)를 적습니다. AI 도구 개발사를 적습니다. 콘텐츠 생성 날짜를 적습니다.

어떤 인용 스타일을 사용하든, 생성형 AI 기반 작성물을 인용할 때는 다음과 같은 사항들을 명심해야 합니다 :

투명성: AI 도구를 사용했다는 사실을 명확하게 밝혀야 합니다. 논문의 방법론 섹션이나 서문, 각주 등을 통해 어떤 AI 도구를 어떻게 사용했는지 구체적으로 설명하는 것이 좋습니다.[12]

프롬프트 공개: 가능하다면 AI 도구에 사용한 정확한 프롬프트를 제시하여 독자가 AI가 어떤 방식으로 정보를 생성했는지 이해할 수 있도록 해야 합니다.[13]

정확성 검증: 생성형 AI가 제공하는 정보가 항상 정확하거나 신뢰할 수 있는 것은 아니므로, AI가 생성한 내용의 사실 여부를 반드시 확인해야 합니다. 특히 법률 및 세무 분야에서는 오류가 심각한 문제를 야기할 수 있으므로 주의해야 합니다.

편집 내용 명시: AI가 생성한 콘텐츠를 수정하거나 편집한 경우, 그 내용을 명확히 밝혀야 합니다.

기관 정책 확인: 소속 기관이나 학술지에서 AI 활용 및 인용에 대한 특정 지침을 제공하는지 확인하고, 해당 지침을 따라야 합니다.

생성형 AI 기술은 빠르게 발전하고 있으며, 이에 따라 인용 방식에 대한 가이드라인도 계속해서 변화하고 있습니다. 따라서 최신 정보를 꾸준히 확인하고, 지도교수님이나 학문 분야의 전문가와 논의하여 적절한 인용 방식을 결정하는 것이 중요합니다.

---

12 이 글도 Gemini Advanced 2.0 Flash (Google, 2025)을 사용했습니다.

13 프롬프트로 "최근 AI 기반 작성물 처리에 대한 고민을 반영하여 인용과 출처 명시에 대한 안내를 보완하였습니다. 이를 위해 AI와 관련된 인용과 출처방식에 대한 내용을 소개해 주세요. 인문사회계열에 특히 맞는 내용을 제시해 주세요"를 사용하였습니다.

학회의 경우도 AI의 활용시 편집규정을 반영한 경우도 있습니다. 한국영어학회의 편집규정을 소개합니다.[14]

한국영어학회

Editorial Board Regulation

제15조(생성형 AI 사용)

1) 저자가 생성형 AI(예: Chat GPT, Gemini, Copilot, Bard, DALL-E, Midjourney 등)의 결과물을 논문에 인용하는 경우 저자는 해당 내용의 사실 여부 및 표절 여부를 확인해야 한다.

2) 저자의 판단하에 생성형 AI의 결과물을 논문에 인용할 경우 다음과 같이 하도록 한다.

　가. 본문이나 주에 다음 예시에 해당하는 내용을 표기한다(⟨　⟩부분은 원고의 내용에 맞게 수정한다).

　　(예시) ⟨해당 부분⟩을 작성하는데 ⟨ChatGPT-4 (OpenAI, 2024)⟩의 결과물을 인용하였다. 구체적으로 ⟨＿＿＿＿⟩하였다.

　나. 참고문헌은 다음 예시와 같이 작성한다.

　　(예시) OpenAI. 2024. ChatGPT-4 [Large Language Model]. http://chat.openai.com/chat.

한국에듀테인트먼크학회의 투고규정을 소개합니다.[15]

14　https://kasell.or.kr/homepage/custom/editorialBoard?utm_source=chatgpt.com (2024.4.6. 접속)

15　http://www.koedus.com/html/sub0303.html (2025.4.7. 접속)

한국에듀테인트먼크학회 투고규정(2023년 12월 01일)

7. 문헌이용

(생략)

8) 생성형 AI(인공지능)을 활용한 텍스트, 그림 등에는 도구, 버전, 시기 등을 구체적으로 기술해야 한다.

> [7] ChatGPT-4(2023. 11. 23). Prompt(프롬프트)(질문, 지시, 요구내용).
> OpenAI ChatGPT-4를 이용하여 작성함. http://www.chat.coen.com/
> [8] Tilda-Beta(2023. 11. 30). Prompt(프롬프트)(이미지 제작 요구내용).
> Tilda-Beta를 이용하여 생성함. https://www.tilda.co.kr/

    AI 활용에 대한 인용 방식은 아직 표준화되지 않았다고 할 수 있습니다. 학술지별로 편집 규정 및 가이드라인의 유무 및 내용이 다를 수 있습니다. 따라서 논문 투고 시에는 각 학술지의 최신 편집 규정을 반드시 확인할 필요가 있습니다.

제4절
AI를 통한 논문 분석

1. AI를 통한 국문초록 분석

먼저 박훈 교수가 지도한 30명의 박사학위자의 논문초록을 발췌하여 해당 논문에 대한 사항을 AI를 통해 분석을 해 보았습니다. 2025.4.6. ChatGPT 4o(유료버전)를 활용하였습니다.

프롬프트

> 위 논문초록들은 박훈교수가 지도한 박사학위자 30명 모두의 것을 모은 것입니다.
> 이 들 논문의 공통적인 사항과 특징적인 사항을 구별하여 제시하시오

〈분석결과〉

　□ 공통적인 사항

1. 조세법 중심의 실천적 연구

　　모든 논문이 조세법을 중심 주제로 하며, 다수는 세제의 개정 필요성, 법적 해석의 한계, 제도 운영의 문제점을 분석합니다.

　　이론과 실무의 접점에 초점을 두어 입법적 제안이나 제도개선방안을 도출하려는 실천적 지향이 강합니다.

2. 사회변화 · 제도환경 반영

AI, 고령화, 국제화, 디지털 전환등 변화된 사회 · 경제 환경 속에서 기존 조세제도의 문제를 진단하는 방식이 많습니다.

예: 디지털 경제에서의 부가세, 국제상속과세, AI 시대의 납세환경 변화 등

3. 납세자 관점에서의 접근

다수 논문이 조세제도의 문제를 '납세자의 권리, 부담, 현실적 어려움'의 관점에서 서술합니다.

제도 설계에 있어 형평성과 효율성뿐 아니라 실제 집행가능성과 수용성을 중시합니다.

4. 법 · 회계 · 경제의 융합적 분석

법적 해석 외에도 회계기준, 세무행정, 경제효과를 함께 분석하는 학제적 접근이 두드러집니다.

특히, 실증연구(시계열 자료, 판례분석 등) 또는 비교법적 검토(미국, 일본, 독일 등)도 자주 등장합니다.

□ 특징적인 사항 (분류 기준별 정리)

1. 주제별 유형

유형	예시 논문	비고
자산이전과 세제	무상이전 자산 과세, 신탁세제, 유산취득세형 상속세	상속 · 증여세와 양도세 간 접점 분석 많음
기업 · 법인 관련	의료법인 과세, 비상장주식 물납, 법인의 기부금제도	실무적 쟁점과 정책 연결
국제 조세	국제상속, 이중거주자 과세권, 해외자산 과세제도	조세조약 필요성 강조
부동산 관련	주택 양도세와 가격, 재산세제	거시경제적 효과 분석 시도
디지털/신제도	전자세금계산서, AI와 세무환경	최근 기술 변화 반영

2. 방법론적 특징

- 실증분석: 주택가격과 양도세, 세금계산서 운영 데이터 등

- 비교법 연구: 미국 · 일본 중심, EU 일부

- 판례분석: 의료법인, 신탁세제 등에서 적극 활용
- 정책제안형 서술: 거의 전 논문에서 입법개선안 제시

3. 지도 교수의 연구철학 반영
- 실천적 법학: 제도 개선을 전제로 한 실용적 문제제기
- 연구윤리 중시: 표절, 데이터 신뢰성, 인용 정확성 강조
- 정책적 응용: 연구 결과를 정책 및 제도 개선으로 연결하는 방향성 강조

□ 요약 결론

항목	내용
지도논문의 학문적 성격	실무지향적, 입법 제안 중심의 실천적 조세법 연구
연구 공통 키워드	조세형평성, 과세공백, 제도개선, 납세자 권리, 국제조세
대상 제도 범위	상속세, 증여세, 양도세, 부가세, 법인세 등 실질 세목 전반
특징적 성과	AI · 신탁 · 의료법인 등 미래지향적 주제다수 포함

2. AI를 통한 논문전체 분석

먼저 박훈 교수가 지도한 30명의 박사학위자의 논문중 한술연구정보서비스에 공개된 것을 대상으로 해서 목차 구성의 방법, 서론을 쓰는 방법, 결론을 쓰는 방법, 참고문헌을 쓰는 방법, 외국입법례를 정리하는 방법 등을 AI를 통해 분석을 해 보았습니다. 2025.4.6. ChatGPT 4o(유료버전)를 활용하였습니다.[16]

---

16 분석대상이 되는 논문은 20개를 한도로 하고 있어, 압축파일로 제시하고 이를 분석토록 하였습니다. 단, ZIP 파일 전체가 100MB 이내여서 가능하였습니다. 이 방법이외에도 10개 정도로 나누어 업로드하고 분석하여 그것을 종합하도록 하는 방법도 가능합니다.

(1) 목차 구성

(프롬프트 1) 위 논문들은 박훈교수가 지도한 박사학위자 의 것을 모은 것입니다. 이
들 논문을 통해 공통적으로 알 수 있는 목차 구성의 방법과 그 예를 제시하시오.

〈분석결과〉

  □ 공통 목차 구성 방식

  1. 서론 (제1장)

      연구의 목적

      연구의 범위 및 방법

      선행연구 검토 또는 연구의 의의

  2. 이론적 배경 및 관련 제도 검토 (제2장)

      관련 개념 정리 및 법적 성격

      세법상 적용 구조

      외국 입법례 또는 제도 비교

  3. 현행 제도의 분석과 문제점 (제3장)

      법령, 판례, 실무적 운용 현황

      쟁점 및 비판

      조세회피 가능성, 납세자 권리 침해 등 실질적 문제 도출

  4. 개선방안 모색 (제4장)

      이론적, 정책적 대안 제시

      입법론적 정비 방향

      외국 사례로부터의 시사점

5. 결론 (제5장)

연구 요약

개선방안의 정리 및 향후 과제

예시 1: 김명준 「BEPS방지 다자협약 체제하에서 주요목적기준과 실질과세원칙에 관한 연구」

제1장 서론

제2장 실질과세원칙 및 주요목적기준의 법리적 구조

제3장 조세조약 해석론과 BEPS MLI의 구성

제4장 국내법과 조세조약 간의 법리 충돌 검토

제5장 해석론 및 입법론 차원의 개선방안

제6장 결론

예시 2: 권형기 「부가가치세법상 실질과세원칙의 적용에 관한 연구」

제1장 서론

제2장 부가가치세의 이론적 기반과 담세력

제3장 실질과세원칙의 법적 구조와 해석 문제

제4장 판례 분석을 통한 적용 실태 검토

제5장 제도 개선을 위한 제언

제6장 결론

□ 박훈 교수 지도논문의 특징적 구성 전략

요소	설명
논리 전개	문제 제기 → 제도 분석 → 비판 → 대안 제시
이론 + 실무	법학적 이론과 세무 실무를 유기적으로 연결
비교법적 접근	미국 · 일본 · EU 등 주요국 사례와 국내법 비교
개선안 제시	구체적 입법론 · 운영론까지 아우름
학문성 + 실천성	정책 현장과 연결되는 연구 주제 선호

□ 정리된 목차 구성 템플릿

제1장 서론

   1.1 연구의 배경 및 목적

   1.2 연구의 범위 및 방법

   1.3 선행연구 검토

제2장 관련 이론 및 제도의 개관

   2.1 주요 개념 정리

   2.2 관련 세법 규정 검토

   2.3 외국 제도의 비교

제3장 현행 제도의 분석과 문제점

   3.1 법령 및 판례 검토

   3.2 실무상 쟁점

   3.3 제도적 한계

제4장 개선방안 제시

   4.1 입법적 정비 방향

   4.2 정책적 제언

   4.3 외국 제도와의 비교

제5장 결론

   5.1 연구 요약

   5.2 제언 및 향후 과제

〈분석결과〉

□ 공통적인 서론 구성 방식

1. 연구의 배경 및 문제제기

　　조세 실무 또는 입법 현장에서 제기되는 구체적인 문제 제시

　　제도적 한계 또는 법적 모순의 지적

　　사회적, 정책적 변화에 대한 반응

2. 연구의 목적

　　위 문제를 해결하고자 하는 연구의 방향 제시

　　이론적 공백 또는 실무적 혼란을 해소하고자 하는 의지 강조

3. 연구의 범위 및 방법

　　다루는 세법 영역, 분석 대상(판례, 법령, 조세심판례 등), 비교 대상 국가

　　해석론 중심인지, 입법론 중심인지 또는 병행하는지 명시

4. 연구의 의의 및 기대효과

　　학문적 기여: 기존 문헌의 한계 극복

　　실무적 기여: 입법 또는 과세행정 개선을 위한 기초자료 제공

□ 구체적 예시

예시 1: 문필주 「원천징수의무의 합리적 범위 확정에 관한 연구」

연구의 배경: 원천징수의무자의 책임이 과도하며, 실제 소득귀속자 확정이나 소득
　　　　　　　구분이 어려운 경우가 많음

연구 목적: 헌법상 자기책임원칙에 부합하는 합리적 범위 확정 기준 제시

범위와 방법: 실질귀속자 확정, 소득구분, 귀책사유별 사례 분석

의의: 원천징수제도의 실효성과 정당성을 동시에 확보할 수 있는 해석론 · 입법론 제안

예시 2: 김명준 「BEPS방지 다자협약 체제하에서 주요목적기준과 실질과세원칙의 해석 · 적용에 관한 연구」

연구의 배경: BEPS MLI 이후 조세조약상 주요목적기준(PPT)과 국내 실질과세원 칙의 충돌 및 불일치 문제

연구 목적: 국제 기준에 부합하는 해석 · 적용 기준 정립

방법: 조세조약 해석론 및 OECD MLI 주석에 따른 비교 · 분석

의의: 조세조약 남용 방지와 국내세법 정합성 확보

□ 박훈 교수 지도 서론의 특징 정리

요소	특징
문제의식	실무적, 정책적 문제에서 출발함
이론과 실무의 접점	학문적 논의 + 판례 · 실무사례 분석 병행
명료한 구조	배경 → 목적 → 방법 → 의의의 네 단계
비교법적 시각 강조	국내법뿐 아니라 국제 조세 환경과의 조화 고려

□ 서론 작성 예시 템플릿

제1장 서론

1.1 연구의 배경 및 문제제기

   현행 ○○세제는 실무상 혼란을 야기하고 있으며, 관련 규정의 해석 및 적용에 있어서 명확한 기준이 부재하다. 특히 ○○한 사례에서는 조세회피 우려가 존재하며, 과세형평성 문제가 제기된다.

1.2 연구의 목적

   본 논문은 이러한 문제점에 대한 해석론적 분석과 더불어, 입법론적 개선방안

을 제시함으로써 ○○세제의 체계성과 공정성을 제고하는 데 목적이 있다.

1.3 연구의 범위 및 방법

주로 ○○세법 관련 규정을 중심으로 판례 및 조세심판례를 분석하고, 주요국의 입법례(미국, 일본 등)와의 비교를 통하여 제도 개선 방향을 도출하고자 한다.

1.4 연구의 의의

본 연구는 현행 제도의 해석상 혼란을 해소하고, ○○세제의 실효성과 정합성을 확보하기 위한 학문적 · 실무적 기반을 제공한다.

(프롬프트 3) 위 논문들은 박훈교수가 지도한 박사학위자 의 것을 모은 것입니다. 이들 논문을 통해 공통적으로 알 수 있는 결론 구성의 방법과 그 예를 제시하시오.

□ 공통적인 결론 구성 방식

1. 연구의 요약 정리

전체 논문의 흐름을 간단히 재정리

각 장에서 다룬 핵심 쟁점과 분석 결과 요약

논리 전개 구조에 맞춘 압축적 요약 (ex. 제2장에서 제도 분석, 제3장에서 쟁점 도출, 제4장에서 개선방안 제시 등)

2. 연구 결과의 핵심 정리

가장 중요한 발견 또는 입법 · 해석상 제안의 정리

핵심 주장의 반복을 통해 메시지 강조 (명시적 또는 단문 위주로)

3. 정책적 · 입법적 제언

구체적인 개선방안 요약 (조문 정비, 행정실무 기준 마련 등)

입법론 · 운용론으로 나누어 제시하는 경우도 있음

외국 사례와의 비교를 통한 시사점 포함

4. 연구의 한계와 향후 과제

연구 범위의 제한, 사례 부족, 데이터 한계 등 언급

후속 연구에서 다루어야 할 영역 제안 (예: 행정해석의 축적, 실무자료 기반 정밀분석 등)

□ 구체적 예시

예시 1: 권형기 「부가가치세법상 실질과세원칙의 적용에 관한 연구」

요약: 부가가치세에서 실질과세원칙은 사법상 계약관계와 납세의무의 연계를 중
심으로 적용되어야 하며, 현재 대법원 해석은 이와 부합하지 않음

핵심 결론: 계약상의 공급을 과세대상으로 명확히 규정할 필요

정책 제언: 실질과세원칙의 적용 한계를 명확히 하고, 조세회피 방지 조항과의 구
분 필요

한계 및 제안: 사례 중심 분석이 부족하므로 후속 연구에서 정량적 검토 필요

예시 2: 문필주 「원천징수의무의 합리적 범위 확정에 관한 연구」

요약: 원천징수의무는 제한 없는 확장이 아니라 납세자의 자기책임 원칙과 균형
있게 설정되어야 함

핵심 결론: 실질귀속자 확정, 파생상품 소득, 정당한 사유 인정 기준 필요

정책 제언: 과도한 의무 부과 방지 위한 입법 보완 필요

향후 과제: 다양한 파생상품과 외국 납세자 사례 연구로 확대 필요

□ 박훈 교수 지도 논문의 결론 특징 요약

항목	특징
형식	명확한 소제목 없이 단락 구성으로 기술 (그러나 논리 순서 분명)
내용	입법 제언이 핵심이며, 구체적 정책 제안 중심
논조	객관적, 학술적 언어 사용 / 강조는 단문으로 반복 표현
포지션	연구자가 문제해결자 또는 입법보완 제안자로서의 태도

□ 결론 작성 템플릿 예시

제5장 결론

본 연구는 ○○세제에서 발생하는 ◇◇ 문제를 중심으로, 제도적 배경과 법적 해석을 검토하고, 그 쟁점과 개선방안을 제시하였다. 제2장에서는 관련 법령의 체계 및 입법례를 분석하였고, 제3장에서는 현행 제도의 문제점을 실무와 판례를 통해 도출하였다. 제4장에서는 이를 바탕으로 해석론 및 입법론적 개선방안을 제시하였다.

이러한 분석 결과 다음과 같은 결론을 도출할 수 있다. 첫째, ○○세제의 ◇◇ 규정은 법적 명확성이 부족하여 조세회피 또는 과세 자의성을 초래할 수 있다. 둘째, 과세 실무와 해석상 일관성을 확보하기 위해서는 ◇◇와 같은 기준을 명확히 정비해야 한다.

본 논문은 실무적 쟁점 해결과 입법 보완의 방향을 제시했다는 점에서 의의가 있으나, 세무자료의 분석 범위나 외국 입법례의 수용 가능성에 대한 실증적 논의는 부족한 한계가 있다. 향후에는 보다 구체적인 사례 중심의 정량적 연구가 병행될 필요가 있다.

> (프롬프트 4) 위 논문들은 박훈교수가 지도한 박사학위자 의 것을 모은 것입니다. 이들 논문을 통해 공통적으로 알 수 있는 참고문헌의 방법을 제시하시오.

〈분석결과〉

□ 공통적인 참고문헌 작성 방법

1. 문헌 구분 체계화

국내 문헌 / 외국 문헌 / 판례 / 법령 / 인터넷 자료 등으로 구분 정리

순서는 대부분 국내 → 외국 → 기타 자료순으로 배열됨

참고문헌 제목은 "참고문헌" 또는 "참고자료"로 표기

2. 표기 방식의 일관성

서지 정보가 비교적 정형화되어 있음

예: 저자(연도), 『서명』, 출판사.

학위논문은 "○○대학 ○○학과 박사학위논문, 연도" 등으로 표시

외국 문헌은 MLA나 Chicago 스타일보다는 국내 학계 표기 기준에 따름

3. 법령 및 판례 별도 정리

"참고법령" 또는 "참조법령", "참고판례" 등으로 본문과 구분하여 별도 기재

조문은 "소득세법 제○조" 식으로 정확히 명시

판례는 "대법원 20○○.○.○. 선고 ○○○○ 판결" 형식 사용

4. 사용 출처의 다양성

학술논문, 학위논문, 단행본 외에도 조세심판례, 국세청 해석사례, OECD 보고서, EU 지침, WTO 협정 등 실무자료와 국제문서활용이 활발

□ 참고문헌 구성 특징 요약

요소	내용
분류 체계	국내문헌 / 외국문헌 / 법령 / 판례 / 기타
정렬 방식	주로 가나다순 또는 연도순, 항목별 내에서 정리
표기 스타일	한국식 학술 인용 방식(저자명, 연도, 서명 중심)
특징	학문성과 실무성의 균형, 국제자료의 적극적 활용

(프롬프트 5) 위 논문들은 박훈교수가 지도한 박사학위자 의 것을 모은 것입니다. 이들 논문을 통해 공통적으로 알 수 있는 외국 입법례의 구성 방법과 그 예를 제시하시오.

〈분석결과〉

　□ 공통적인 외국 입법례 구성 방법

1. 서술 위치

　　주로 제2장(이론적 배경) 또는 제3장(현행 제도 분석)에서 구성

　　국내 제도 설명 직후 외국 제도 소개 → 유사점·차이점 중심 비교

　　정책적 시사점 제시를 위한 발판으로 사용됨

2. 국가 선정 기준

　　비교대상 국가는 대체로 OECD 주요국(미국, 일본, 독일, 영국, 프랑스)

　　주제에 따라 EU 지침, OECD 보고서, WTO 협정 등 초국가적 규범도 병행 사용

3. 서술 구조

　　(1) 해당 제도의 법적 근거

　　(2) 제도의 운용 방식 (주요 요건, 적용범위, 예외 등)

　　(3) 판례나 실무상 적용례 간략 소개

　　(4) 우리나라 제도와의 비교 및 평가

4. 활용 목적

　　(1) 국내 제도의 문제점 보완을 위한 입법론적 대안 제시

　　(2) 해석론적 정합성을 높이기 위한 비교

　　(3) 실무적 정착 가능성을 모색하는 근거

　□ 외국 입법례 구성 예시

예시 1: 김민정 「다국적기업의 관세회피에 대한 법적 대응방안에 관한 연구」

EU: 「관세평가협정」 및 EC VAT Directive 기준 설명

일본: 특수관계자 간 거래 시 관세 평가 방법, 유사물품 개념 활용 방식 설명

WTO: 협정상 과세당국의 입증책임 완화 규정

비교 및 시사점: 우리 관세법도 특수관계자 거래에서 수입자에게 입증책임 일부
　　　　　　전환 필요

예시 2: 이호섭 「국제적 사업자 간 용역거래의 부가가치세 과세에 관한 연구」

EU: 공급장소 규정 및 '고정사업장(Fixed Establishment)' 개념 소개

영국: B2B 용역거래에 대한 대리납부 방식 적용 사례

일본: 역외 사업자 과세에 관한 입법례

활용: 국내 '대리납부 방식' 개선 및 공급장소 규정의 입법 필요성 강조

예시 3: 김명준 「BEPS 다자협약하 주요목적기준과 실질과세원칙」

OECD MLI: 주요목적기준(PPT) 도입 배경 및 문언 분석

OECD 모델조세협약 주석: 실질과세원칙과의 관계 설명

독일, 프랑스 등: 실질귀속자 요건 인정 범위 비교

활용: 국내 실질과세원칙의 국제 조세조약 정합성 제고 필요성 주장

□ 외국 입법례 구성 템플릿 예시

2.3 외국의 입법례

가. 미국

　　미국은 Internal Revenue Code(IRC)에 따라 특수관계자 간 거래에서 'arm's
　　length principle'을 적용하며, 거래가격 조정 시 세무당국의 재량이 폭넓게 인
　　정된다.

나. 일본

　　일본 법인세법 제66조의4는 이전가격 조정을 위한 세부기준을 명시하고 있으
　　며, 국세청은 「이전가격관리지침」을 통해 실무 적용 기준을 제시하고 있다.

다. OECD

OECD 이전가격지침은 다국적기업 간의 이익배분 기준을 마련하며, 특히 이익분할법이나 거래비교법 등 다양한 적용 방식을 제시하고 있다.

라. 평가 및 시사점

우리나라도 단순한 '실질 귀속자' 해석을 넘어 구체적 기준 마련이 필요하며, 외국 사례에 근거한 조세회피 방지장치의 강화가 요구된다.

□ 정리: 박훈 교수 지도 논문의 외국 입법례 특징

항목	특징
국가 선택	미국, 일본, EU, OECD 중심
자료 출처	법령, 행정지침, 판례, 국제기구 문서
비교 포인트	적용 요건, 과세기준, 해석 방식 등
활용 목적	해석 정합성 확보 + 입법 개선 논거 제시

3. AI를 통한 조세법 분야 박사논문 연구동향 분석

이 책에서는 조세법분야의 1975~2025년 동안의 박사학위를 취합하였습니다. 세부적인 목록은 뒤에 별도로 연도별로 소개를 해 놓았습니다. 수집된 논문들은 발행 연도별로 분류되었고, 같은 해에 발행된 논문들은 저자 이름의 가나다 순으로 배열했고, 논문명과 학위수여 학교, 발행연도가 포함되어 있다. 아래 프롬프트를 활용하였습니다.[17]

---

17 Deep Research 기능을 사용하는 경우에는 비교적 자세한 보고서 형태의 것을 제시하는데, 여기에서는 따로 소개하지 않는다.

(1) ChatGPT 4o(유료버전) 활용 결과

○ 이 논문 목록을 통해 본 연구 동향은 어떻게 되는가?

- 1975년부터 2025년까지 약 50년간의 조세법 박사학위 논문 약 400여 편
  을 분석한 결과, 다음과 같은 주요한 시기별 · 주제별 연구 동향이 확인됩
  니다.

□ 시기별 변화

시기	주요 경향
1970~1990년대	과세원칙, 부가가치세, 소득세, 법인세 등 기초 조세법 제도 연구중심. 해석학적 접근과 헌법적 정당성에 관한 논의 활발
2000년대 초~중반	납세자 권리보호, 조세쟁송, 국세기본법상 원칙, 연결납세제도 등 조세행정법 및 절차법 연구활성화
2010년대	기업과세, 신탁과세, 이전가격, 국제조세, 상속세 · 증여세 등 복잡한 세법체계와 해석의 다양화추세
2020년 이후	디지털세, BEPS, 가상자산, 조세회피방지, ESG 과세 등 글로벌 조세환경 변화에 대한 대응 중심. 실무+정책 융합형 논문 증가

□ 주제별 동향

전통적 조세 영역

- 소득세, 법인세, 상속세 · 증여세, 부가가치세

- 시가 평가, 유상 · 무상 이전, 과세표준 관련 논문이 지속적

조세정책 및 입법론

- 완전포괄주의, 조세특례, 유보소득과세, 연대납세의무 등
- 입법체계의 정합성, 법해석과 입법의 간극 분석에 초점

조세행정 및 권리구제

- 경정청구, 국세심판, 조세불복절차, 위헌소송 대응 등
- 납세자의 권리 보호와 조세행정의 정당성 검토

국제조세 및 디지털세

- 이전가격, 고정사업장, 주요목적기준(PPT), 수익적 소유자
- OECD BEPS, MLI 등 국제적 규범에 대한 분석과 비교법적 연구 활발

미래 조세환경과 새로운 과세대상

- 가상자산, 플랫폼경제, 디지털 서비스, ESG 연계 조세, 환경세 등
- 실무 이슈를 기반으로 조세제도 설계 또는 개편안 제시

○ 이 동향을 통해 볼 때, 박사논문을 준비하는 학생이 선택하면 좋은 주제는?

연구 주제 선택 시 고려할 방향

기준	제안 내용
현행 세법의 미비점 예: 공유경제 · 디지털 자산 관련 과세, ESG 연계 세제	실무적 혼선이 크고, 학계 연구가 부족한 영역
입법 전후 과도기적 쟁점 예: 글로벌 최저한세(GloBE), AI 관련 과세	제정 예정이거나 논의 중인 조항에 대한 선제적 연구
국제비교 · OECD 기준 반영 예: MLI, Pillar 1 · 2, 조세조약 남용 방지	한국 제도의 글로벌 정합성 진단
학제적 융합 주제 예: 조세AI, 조세데이터 분석, 탄소세 제도화	법학+데이터, 세무+기술, 조세+행정, 조세+환경 융합

구체적인 추천 주제 예시

- 디지털 서비스세(DST)의 국제적 논의와 한국의 입법 가능성
- AI 기반 조세행정과 납세자 권리보호에 관한 연구
- 가상자산의 양도소득 과세에 대한 과세표준 산정 및 신고체계 연구
- 조세조약상 수익적 소유자 개념의 해석과 실질귀속자 판단 기준
- ESG 연계 조세감면제도의 법적 구조와 제도 설계
- Pillar 2(GloBE)의 국내법 수용방안과 입법정합성 검토
- 조세소송상 위헌심사제도 개선과 사후적 권리구제 강화 방안

(2) 구글 Gemini 2.0 Flash[18](무료버전) 활용 결과
○ 이 논문 목록을 통해서 본, 연구동향은 어떻게 되는가?

제시된 1975년부터 2025년까지의 조세법 박사 학위 논문 목록을 통해 다음과 같은 연구 동향을 파악할 수 있습니다.

초기에는 기본적인 세법 이론 및 제도 연구에 집중 (1970년대 후반 ~ 1980년대): 1970년대 후반부터 1980년대에는 소득세, 법인세, 부가가치세 등 기본적인 세목의 개념, 과세 요건, 세액 계산 방식 등 기초 이론과 제도에 대한 연구가 주를 이루었습니다. 이는 당시 한국 경제 성장과 함께 세법 체계가 점차 확립되어 가는 과정에서 나타난 자연스러운 현상으로 볼 수 있습니다. 예를 들어에 언급된 1970년대 중반의 세제 개혁과 맞물려, 이러한 변화를 분석하고 이론적 토대를 마련하려는 연구들이 활발했습니다.

경제 성장 및 국제화에 따른 기업 세법 및 국제 조세 연구 확대 (1990년대 ~

---

18 일상적인 작업을 위한 기능과 추가기능을 제공하고 있다.

2000년대): 1990년대 이후 한국 경제가 성장하고 국제 교류가 활발해짐에 따라, 기업의 합병, 분할, 구조조정 등 기업 세법 관련 연구와 더불어 국제 조세, 조세 조약, 이전 가격 등 국제 거래와 관련된 조세 문제에 대한 연구가 점차 증가했습니다. 특히 1997년 아시아 금융 위기 이후에는 국제적인 조세 회피 방지 및 투명성 확보에 대한 관심이 높아지면서 관련 연구가 더욱 활발해지는 경향을 보였습니다.

다양한 사회 · 경제적 변화를 반영한 연구 주제의 다변화 (2010년대 이후): 2010년대에 들어서면서 연구 주제는 더욱 다양화되는 양상을 보입니다. 디지털 경제의 발전과 함께 전자상거래, 가상자산 등 새로운 경제 활동에 대한 과세 방안 연구가 활발해졌으며, 저출산 · 고령화 사회, 환경 문제 등 사회적 이슈와 관련된 조세 정책 연구도 나타나기 시작했습니다.또한, 납세자의 권리 보호, 조세 불복 절차, 세무 행정 효율성 제고 등 조세 시스템 전반에 대한 연구도 꾸준히 이루어지고 있습니다. 2020년대에 들어서는 BEPS 프로젝트와 같이 국제적인 조세 논의에 대한 국내 연구자들의 관심이 높아지고 있으며 , 주택 시장 안정화, 자산 불평등 완화 등 특정 정책 목표 달성을 위한 조세 정책 연구도 활발하게 진행되고 있습니다.

특정 학교 및 연구자에 의한 특정 주제 심화 연구 경향: 목록을 살펴보면, 특정 학교나 연구자를 중심으로 특정 분야에 대한 심층적인 연구가 지속적으로 이루어지는 경향도 엿볼 수 있습니다. 예를 들어, 서울시립대학교 세무대학원 등 특정 기관에서 조세 쟁송, 지방세, 신탁세제 등에 대한 연구가 꾸준히 발표되는 것을 확인할 수 있습니다.

○ 이러한 연구동향을 동향을 통해 볼때 박사논문을 준비하는 학생은 어떠한 주제를 준비하는 것이 좋은가?

위에서 분석된 연구 동향과 현재 사회 · 경제적 상황을 고려할 때, 박사 논문을 준비하는 학생은 다음과 같은 주제들을 고려해 볼 수 있습니다.

- 디지털 경제와 관련된 새로운 과세 이슈: 가상자산, 플랫폼 경제, 인공지능 등 디지털 기술 발전으로 인해 발생하는 새로운 형태의 소득 및 거래에 대한 과세 방안 연구는 앞으로도 중요성이 더욱 커질 것입니다. 특히, 국제적인 논의와 발맞춰 국내 세법 체계를 정비하고 새로운 과세 모델을 제시하는 연구가 유망합니다.
- 환경 및 사회적 가치 실현을 위한 조세 정책: 기후 변화 대응을 위한 탄소세, 사회적 불평등 완화를 위한 자산 과세, 인구 구조 변화에 따른 세제 개편 등 사회적 가치 실현에 기여할 수 있는 조세 정책 연구는 시대적 요구에 부합합니다.
- 납세자 권리 강화 및 조세 불복 절차 개선: 납세자의 권익 보호를 위한 세법 해석 및 집행 연구, 조세 불복 제도의 효율성과 공정성 제고 방안 연구는 꾸준히 필요한 분야입니다. 특히, AI 기반의 세무 행정 도입 등 새로운 환경 변화에 따른 납세자 권리 보호 방안 연구가 중요해질 수 있습니다.
- 국제 조세 분야의 심화 연구: BEPS 프로젝트 이후의 국제 조세 환경 변화에 대한 심층적인 분석과 한국 세법에 미치는 영향 연구, 새로운 국제 조세 규범에 대한 국내 적용 방안 연구 등은 국제적인 흐름에 발맞춰 중요한 연구 주제가 될 수 있습니다.
- 지방세 및 재정 분권 관련 연구: 지방 자치 시대에 맞춰 지방세 수입 확충 방안, 국세와 지방세의 조화로운 발전 방안, 재정 분권 강화에 따른 세법적 과제 연구 등은 지역 균형 발전과 지방 재정 건전성 확보에 기여할 수 있습니다.
- 세법과 다른 법 분야의 융합 연구: 예를 들어, 조세법과 회사법, 민법, 형법 등 다른 법 분야와의 관계를 심층적으로 분석하고, 융합적인 시각에서 새로운 연구 문제를 발굴하는 것도 좋은 접근 방법입니다.

이러한 주제들은 현재 한국 사회가 직면한 과제들을 반영하며, 학문적 깊이와 함께 정책적 활용 가능성도 높다고 판단됩니다. 박사 과정을 준비하시는 학생분들은 본인의 관심 분야와 전문성을 고려하여, 위에 제시된 방향성을 바탕으로 구체적인 연구 주제를 설정해 보시는 것을 추천합니다.

(3) 저자의 평가

생성형 AI를 활용하여 논문 주제를 탐색하는 것은 과거 단순한 키워드 검색 방식에 비해 분명 발전된 형태라고 평가할 수 있습니다. 특히 연구를 시작하는 단계에서 다양한 주제의 존재를 확인하는 데에는 유용한 도구가 될 수 있습니다.

그러나 박사 논문은 단순히 흥미로운 주제를 찾는 것에서 나아가, 연구자의 고유한 배경, 학문적 관심, 그리고 축적된 지식과 준비 정도를 종합적으로 고려하여 깊이 있는 탐구를 진행하는 과정입니다. 따라서 생성형 AI가 제시하는 주제는 이러한 개인적인 요소들을 충분히 반영하지 못한다는 점에서 근본적인 한계를 지닐 수밖에 없습니다.

물론 질문의 범위를 더욱 좁히고 구체화한다면, 생성형 AI로부터 보다 정교한 답변을 얻을 수 있을 것입니다. 하지만 법률 및 세무 분야의 핵심 자료인 법령, 판례, 그리고 주요 국가의 관련 제도에 대한 정확하고 신뢰할 수 있는 정보를 얻기 위해서는, 여전히 직접적인 문헌 검토와 확인 과정이 필수적입니다.

과거에는 얼마나 많은 지식을 머릿속에 축적하고 있느냐가 전문가의 역량을 가늠하는 중요한 기준이었지만, 인터넷 시대의 도래 이후에는 필요한 정보를 얼마나 효율적으로 찾아낼 수 있는지가 더욱 중요해졌습니다. 그리고 현재 생성형 AI 기술이 급격하게 발전하는 상황에서는, 단순히 정보를 얻는 것을 넘어 얼마나 주체적으로 탐구하고 직접 경험하며 지식을 내재화하는가가 전문가로서의 차별성을 만드는 핵심 요소가 될 것입니다.

법률 및 세무 분야에서 AI 기술이 점차 발전하고 있는 것은 분명한 사실입니다. 하지만 박사 학위 논문과 같이, 연구자가 깊이 있는 문제의식을 가지고 기존 연구와 차별화되는 독창적인 주장을 펼쳐야 하는 수준의 작업에서는, 여전히 인간의 치열한 고민과 노력이 필수적이라고 할 수 있습니다. 과거 손으로 직접 원고를 쓰거나 전문 타이피스트에게 의뢰하던 시대에서, 컴퓨터를 이용하여 논문을 작성하고 직접 도서관을 찾아 자료를 복사하던 수고로움을 인터넷 검색으로 대체할 수 있게 된 것은 이미 오래전의 변화입니다. 생성형 AI의 도움으로 논문 준비 과정이 이전보다 수월해진 측면은 분명히 존재하지만, 궁극적으로 논문의 완성은 연구자 본인의 책임과 노력에 달려 있습니다.

생성형 AI를 연구의 보조적인 도구로 활용하는 것은 긍정적이지만, 그 결과물을 전적으로 신뢰하기는 어렵습니다. 이번 생성형 AI 활용 결과에서도 이러한 한계가 여실히 드러납니다. 다만, 기술 발전의 속도를 고려할 때, 현재의 저의 평가가 머지않아 현실과 동떨어진 이야기가 될 수도 있다는 일말의 불안감 또한 가지고 있습니다.

제2장

조세법 박사학위 현황

제1절
국내 조세법 관련 박사학위자 현황

1. 선정기준 및 편집기준

(1) 어떤 기준으로 논문을 선정하고 편집했을까요?

- 조세법 중심: 기본적으로 국내에서 발행된 조세법 분야의 박사 학위 논문들을 수집하여 정리했습니다.

- 연도 및 가나다순: 수집된 논문들은 발행 연도별로 분류되었고, 같은 해에 발행된 논문들은 저자 이름의 가나다 순으로 배열했습니다. 이는 특정 연도의 연구 동향을 파악하거나 특정 저자의 연구를 쉽게 찾아볼 수 있도록 하기 위함입니다.

- 폭넓은 시각: 조세 제도는 다양한 학문 분야와 관련이 깊기 때문에, 경제학, 행정학, 경영학, 회계학, 무역학 분야의 박사 논문 중에서도 조세 제도를 다룬 논문들을 포함했습니다. 다만, 실증적인 연구 방법을 사용한 논문은 원칙적으로 제외했지만, 그 연구 주제가 법제도적인 개선과 관련이 있다면 포함했습니다. 이는 다양한 학문적 관점에서 조세 제도를 이해하는 데 도움을 주기 위함입니다.

- 최대한 많은 논문 수록 노력: 조세법 박사 학위 논문을 가능한 한 모두 포

함하려고 노력했지만, 정보 수집의 어려움과 한계로 인해 일부 누락된 논문이 있을 수 있다는 점을 알려드립니다. 따라서 이 목록을 참고용으로 활용하시고, 더 많은 정보를 얻기 위해서는 한국교육학술정보연구원(RISS, 한국교육학술정보연구원(RISS)) 웹사이트에서 직접 검색해 보는 것을 추천합니다.

- 다양한 검색어 활용: 논문을 검색할 때 주로 조세, 세법, 과세, 세무 등의 주요 검색어를 사용했지만, 이 외에도 여러분의 연구 주제와 관련된 다양한 키워드를 활용하면 더 많은 관련 논문을 찾을 수 있을 것입니다.

(2) 이 정보를 통해 무엇을 알 수 있을까요?

- 이 선정 기준과 편집 기준을 통해 여러분은 다음과 같은 점들을 이해할 수 있습니다.
- 이 자료가 국내 조세법 연구의 전반적인 흐름을 파악하는 데 유용하다는 것을 알 수 있습니다.
- 특정 연도별 또는 저자별 연구 성과를 쉽게 확인할 수 있습니다.
- 조세 제도가 다양한 학문 분야에서 연구되고 있다는 것을 인지하고, 자신의 연구를 다각적인 관점에서 바라볼 수 있습니다.
- 이 자료가 완벽하지 않을 수 있다는 점을 이해하고, 추가적인 정보 검색의 필요성을 느낄 수 있습니다.
- 결론적으로, 이 정보는 여러분이 조세법 박사 논문을 준비하는 데 있어 기존 연구를 탐색하는 효과적인 방법을 제시합니다. 제시된 기준을 이해하고, 적극적으로 RISS와 같은 학술 데이터베이스를 활용하여 풍부한 연구 자료를 확보하시길 바랍니다.

2. 구체적인 현황(1975~2025년)[1]

〈2025년〉

이윤우, 조세의 부과단위에 관한 연구, 서울시립대학교, 2025

임재혁, 회사분할제도의 개선에 관한 연구, 서울대학교, 2025

〈2024년〉

곽장미, 고정사업장 관련 국내세법상의 과세제도 연구, 고려대학교, 2024

김명준, BEPS방지 다자협약 체제하에서 주요목적기준과 실질과세원칙의 해
　　석 및 적용에 관한 연구, 서울시립대학교, 2024

김영신, 주택과세제도에 관한 연구 : 1세대의 주된 거주주택을 중심으로, 강
　　남대학교, 2024

김천수, 자본거래의 손익 구조에 관한 법적 연구 : 과세체계의 정합성 제고를
　　중심으로, 고려대학교, 2024

위성팔, 상속세 및 증여세법상 부동산 시가평가 제도에 관한 연구, 서경대학
　　교, 2024

윤현준, 도시개발사업 및 도시정비사업의 취득세 과세제도에 관한 연구 : 과
　　세체계 정합성의 관점에서, 2024

이정근, 당사자소송 절차에 의한 공법상 부당이득반환청구 소송의 적용에 관

1　2025년 4월 현재 한국학술정보연구원에서 2025년 2월까지의 논문중 제대로 제공되고 있지 못한 것도 있
　을 수 있다. 각 학교마다 도서관을 통해 온라인 또는 오프라인으로 박사학위 논문을 제출받고 이를 검색
　이 될 수 있게 하는 작업에 시간이 소요되기 때문인 것으로 보인다. 비교적 최근의 박사학위 논문 현황은
　실제 박사 논문을 쓰고 있거나 쓸 사람에게 중요한 의미를 갖기 때문에 온라인상 자료제공에만 의존하지
　말고 해당 학교의 교수, 학생, 그리고 학회를 통한 교류를 통해 파악하는 것을 병행하는 것도 도움이 될
　것이다.

한 연구:-조세환급금청구소송을 중심으로-, 단국대학교, 2024

조경준, 유동화신탁 소득의 과세에 관한 제도 설계 연구, 서울대학교, 2024

〈2023년〉

강다혜, 가상자산의 금융투자상품성 및 과세방안에 관한 연구, 이화여자대학
교, 2023

김상진, 조세분쟁해결절차에서 부당성 심사 연구, 고려대학교, 2023

노미리, 공식배분법의 입장에서 바라본 Pillar 1 비판, 서울대학교, 2023

문연식, 세법상 시가의 기본개념과 운영체계에 관한 연구, 조선대학교, 2023

박경환, 농업 부문 조세제도의 개선 방안에 관한 연구, 서울시립대학교, 2023

배효정, 다국적 기업의 조세회피 문제에 관한 가치창출 이론의 타당성 검토 :
고정사업장과 이전가격세제를 중심으로, 서울대학교, 2023

윤석환, 도시정비형 재개발사업의 합리적 과세방안에 관한 연구, 성균관대학
교, 2023

윤순상, 인지세의 현대적 의미에 관한 연구, 서울시립대학교, 2023

윤준석, 국제레짐이론으로 분석한 국제적 조세회피 문제, 서울대학교, 2023

윤희원, 세법상 사실혼 배우자의 과세체계 연구, 가천대학교, 2023

이태욱, 자본거래와 관련된 법인주주 과세제도에 관한 연구, 강남대학교, 2023

이호섭, 국제적 사업자 간 용역거래의 부가가치세 과세에 관한 연구, 서울시
립대학교, 2023

임경인, 초과배당에 따른 이익 증여 과세 규정의 개선방안 : 조세회피방지 측
면에서, 경희대학교, 2023

임상빈, 부동산 보유세 과세체계 일원화에 관한 연구, 성균관대학교, 2023

장기락, 세무전문가 동업제도 도입에 관한 연구, 국민대학교, 2023

채지원, 국제증여 과세제도 연구, 강남대학교, 2023

풍욱뚱, 베트남 기업 소득세법의 다국적기업의 과세표준에 관한 연구 : 일반
        조세회피 방지 규정의 사상을 토대로, 국민대학교, 2023

한용빈, 부가가치세법상의 마일리지 과세제도의 문제점 및 개선방안에 대한
        연구 : 제3자적립마일리지와 판매장려금을 중심으로, 가천대학교, 2023

한은임, 주식양도소득 과세에 관한 연구 : 비거주자와 외국법인에 대한 원천
        징수제도를 중심으로, 강남대학교, 2023

한인철, 외국법인 과세에 관한 연구, 강남대학교, 2023

〈2022년〉

설미현, 국제조세에서 '수익적 소유자' 개념과 '실질귀속자' 개념 간의 상관관
        계에 관한 연구, 이화여자대학교, 2022

유완려, 중국 국경 간 전자상거래 과세정책의 문제점 및 개선방안에 관한 연
        구, 우석대학교, 2022

홍대화, 공익법인 유형화에 따른 과세제도 연구, 성균관대학교, 2022

황인규, 공익신탁 과세제도의 개선방안에 관한 연구, 성균관대학교, 2022

〈2021년〉

강지현, 디지털경제 조세제도의 국제적 논의에 따른 국내 조세제도 개편방안
        에 관한 연구, 고려대학교, 2021

구진열, 세법상 부정행위의 제재에 관한 연구 : 미국 · 일본 제도와의 비교를
        중심으로, 한양대학교, 2021

권용삼, 사업용 부동산의 자본이득 과세에 관한 연구, 계명대학교, 2021

김광칠, 세무조사에서 납세자의 절차적 권리강화와 구제방안에 관한 연구,

가천대학교, 2021

김성일, 조세포탈죄의 법적 성격과 성립범위에 관한 연구, 성균관대학교, 2021

김영선, 주택임대사업자 과세에 관한 연구, 강남대학교, 2021

김의석, 법인 과세와 주주 과세의 통합, 서울대학교, 2021

문귀영, 사업자협동조합 과세제도에 관한 연구, 강남대학교, 2021

문승석, 상속세 및 증여세법상 증여의제 규정의 개선방안에 대한 연구 : 완전
　　　포괄주의 과세체계와의 정합성을 중심으로, 연세대학교, 2021

박상현, 4차 산업혁명에 따른 과세제도 개편 방안 연구 : 세원관리 방안을 중
　　　심으로, 강남대학교, 2021

백승삼, 보험과세제도의 적정화 방안에 관한 연구, 강남대학교, 2021

손순희, 플랫폼 사업의 과세에 관한 연구 : 파일공유 사업모델을 중심으로,
　　　강남대학교, 2021

이영근, AI 기반 조세심판 결정 예측모델 연구, 공주대학교, 2021

이영미, 공익신탁 과세제도에 관한 연구, 강남대학교, 2021

이주헌, 국제도산절차에서 조세채권자의 지위, 서울대학교 2021

장지영, 부동산 세제의 위헌요소에 관한 연구 : 2020년 주택 관련 개정 세법
　　　을 중심으로, 이화여자대학교, 2021

최은정, 현행 세무조사 제도의 문제점과 개선방안에 관한 연구, 전남대학교, 2021

홍승현, 위법소득의 합리적 과세체계에 관한 연구, 고려대학교, 2021

황원순, 상속세 및 증여세법상 신탁과세제도 : 일본 제도와의 비교를 중심으
　　　로, 경북대학교, 2021

〈2020년〉

강련호, 채무의 출자전환에 관한 과세제도 개선방안에 대한 연구, 고려대학

교, 2020

김승준, 회계기준과 세법, 법적 체계의 국가별 차이가 이익의 질에 미치는 영
    향 : 회계이익과 과세소득의 차이를 중심으로, 중앙대학교, 2020

김정애, 횡령에 대한 합리적 과세방안에 관한 연구, 계명대학교, 2020

김지영, 디지털 과세(Digital Taxation)에 관한 정책네트워크 연구 : 주요 선진국
    및 한국을 중심으로, 서울과학기술대학교, 2020

문필주, 원천징수의무의 합리적 범위 확정에 관한 연구, 서울시립대학교,
    2020

박창덕, 신탁 과세제도에 관한 연구 : 신탁수익권을 중심으로, 강남대학교, 2020

변용희, 조선시대 조세제도와 유학정신, 성균관대학교, 2020

안희재, 하이브리드증권의 과세에 대한 연구 : 자본과 부채의 비율적 배분에
    대한 제안, 서울대학교, 2020

우진욱, 디지털 경제화에 따른 사업소득의 국제적 과세권 배분에 관한 연구,
    서울시립대학교, 2020

윤문구, 지방세법상 취득세에 관한 연구 : 조세심판원 심판결정례 분석을 중
    심으로, 서울시립대학교, 2020

이용찬, 디지털세 하에서의 통합접근법의 문제점과 개선방안에 관한 연구 :
    이전가격세제와의 비교를 중심으로, 홍익대학교, 2020

이임동, 세법상 질문조사에 관한 연구, 고려대학교, 2020

인경훈, 국외전출세 과세특례제도에 관한 연구, 강남대학교, 2020

〈2019년〉

공헌찬, 주세법상 징수제도의 법적 문제점과 개선 방안 : 종가·종량세론을 중심으로, 동아대학교, 2019

권형기, 부가가치세법상 실질과세원칙의 적용에 관한 연구, 서울시립대학교, 2019

김수, 상속세 및 증여세법상 완전포괄주의 과세제도에 대한 연구, 연세대학교, 2019

김연, 일대일로 전략 하의 중국 국제조세제도 합리화 방안에 관한 연구 : 고정사업장과 수동적 소득 과세 제도를 중심으로, 성균관대학교, 2019

손병기, 조세당사자소송에 관한 연구, 중앙대학교, 2019

안성희, 부가가치세법상 재화와 용역의 구별기준에 관한 연구, 고려대학교, 2019

예대열, 북한 국가형성기 조세체계의 구축과 재정운용(1945-1950), 고려대학교, 2019

이강오, 공동도급 과세제도의 개선방안에 관한 연구 : 건설공사 공동도급을 중심으로, 성균관대학교, 2019

이용주, 기업의 미환류소득에 대한 법인세 과세제도의 효과에 관한 제도, 가천대학교, 2019

이호영, 토지 과세 평가의 형평성에 관한 연구 : 서울특별시를 중심으로, 강남대학교, 2019

장재수, 창업중소기업 등에 대한 조세감면제도에 관한 연구 : 창업의 범위를 중심으로, 계명대학교, 2019

조연엽, 골프장 과세제도의 개선방안 연구 : 회원제 골프장을 중심으로, 강남대학교, 2019

최용환, BEPS 이행 다자협약 체제에서의 조세조약 남용방지 규정에 관한 연구 : 주요목적기준(PPT) 및 혜택제한규정(LOB)을 중심으로, 연세대학교, 2019

최준영, 조세조약상 수익적 소유자에 관한 연구, 고려대학교, 2019

〈2018년〉

김두복, 상속세 과세체계의 개선방안에 관한 연구, 강남대학교, 2018

김민수, 부동산 보유에 대한 조세제도, 경북대학교, 2018

김민정, 다국적기업의 관세회피에 대한 법적 대응방안에 관한 연구, 서울시립대학교, 2018

김봉현, 조세탕감제도 도입에 관한 연구, 강남대학교, 2018

김성만, 지방자치단체 과세자주권의 확대와 활성화 방안에 관한 연구, 성균관대학교, 2018

김종택, 비주거용 부동산 보유세 과세체계 개편에 관한 연구, 서울시립대학교, 2018

김찬섭, 지주회사과세제도의 개선방안에 관한 연구, 고려대학교, 2018

김철우, 프랑스 조세쟁송제도와 그 시사점에 관한 연구, 성균관대학교, 2018

류희연, 상속세 및 증여세법상 비상장주식 평가방법의 적정성에 관한 연구, 부산대학교, 2018

박금서, 학교법인의 과세제도 개선방안 연구, 강남대학교, 2018

박성욱, 조세형사범에 있어서 포탈세액과 공급가액 합계액 산정에 관한 연구, 고려대학교, 2018

박중영, 주식양도차익 과세제도의 평가와 문제점에 관한 연구 : 소액주주 상장주식 양도차익 비과세를 중심으로, 홍익대학교, 2018

박한준, 취득세 과세표준 계산제도의 개산방안 연구 : 비주거용 부동산 중심
　　　으로, 강남대학교, 2018

서순성, 부동산신탁의 과세제도에 관한 연구 : 신탁방식 정비사업을 중심으
　　　로, 성균관대학교, 2018

엄재욱, 개인기업의 법인전환에 영향을 미치는 세법규정에 관한 연구, 계명
　　　대학교, 2018

오남교, 일반적 조세회피방지규정의 도입방안에 대한 연구, 고려대학교,
　　　2018

이각수, 법인세법상 임원 인건비의 손금규제제도에 관한 연구, 강남대학교,
　　　2018

이유용, 전자담배의 과세제도에 관한 연구, 강남대학교, 2018

임동혁, 비주거용 집합부동산의 과세 형평성과 조세부담에 관한 연구, 서울
　　　벤처대학원대학교, 2018

정환만, 공익법인 과세제도에 관한 연구, 강남대학교, 2018

조근형, 디지털통화 과세제도에 대한 연구 : 가상화폐를 중심으로, 강남대학
　　　교, 2018

조은주, 법인지방소득세 과세체계 개선방안에 대한 연구, 계명대학교, 2018

최영관, 조세권리구제제도의 유효성 제고방안에 관한 연구, 가천대학교,
　　　2018

황화종, WTO과세가격결정 원칙에 대한 관세법상 과세물건확정의 시기 적
　　　정성 연구 : 수입유연탄 사례를 중심으로, 조선대학교, 2018

〈2017년〉

강국진, 조세담론의 구조와 변동에 관한 연구 : 노무현 · 이명박 · 박근혜 정부를 중심으로, 성균관대학교, 2017

공현진, 소득세제와 소비세제의 매출에누리 및 판매장려금에 관한 연구 : 과세표준의 통일적 해석을 중심으로, 서울시립대학교, 2017

구상수, 사업신탁의 과세방안에 관한 연구, 성균관대학교, 2017

김남중, 근로소득 과세제도의 개선에 관한 연구 : 과세방식 및 소득공제의 개선 중심으로, 가천대학교, 2017

김서영, 소득세법상 소득공제항목의 세액공제 전환 타당성에 관한 연구, 동국대학교, 2017

김성혁, 다국적기업의 조세회피와 국제조세체제 : DIDS를 통해 본 OECD BEPS 프로젝트 연구, 인천대학교, 2017

김연정, 조세포탈행위에 대한 처벌제도 연구, 강남대학교, 2017

김현준, 조세법상 경정청구제도의 문제점 및 개선방안에 관한 연구, 서울시립대학교, 2017

송동진, 사외유출소득의 과세에 관한 연구, 서울시립대학교, 2017

양수영, 국세기본법상 경정청구제도에 관한 연구 : 과세행정과의 조화를 중심으로, 강남대학교, 2017

이동건, 규제적 조세의 입법원칙에 관한 연구, 고려대학교, 2017

진진호, 국외 비상장법인 출자자 지분의 세무상 평가방법에 관한 연구, 가천대학교, 2017

홍종학, 농산물 유통환경 개선을 위한 과세제도의 개선방안 : 산지 및 도매시장을 중심으로, 동국대학교 2017

〈2016년〉

구성권, 국제조세에 있어 혼성 불일치(hybrid mismatch)에 관한 연구, 고려대학교, 2016.

권오원, 법인유보소득 과세제도에 관한 연구: 기업의 미환류 소득에 대한 법인세제를 중심으로, 강남대학교, 2016.

김동수, 증여세완전포괄주의 시행에 따른 문제점 분석 및 개선방안 연구, 가천대학교, 2016.

김명호, 비영리법인의 과세제도 개선에 관한 연구, 대전대학교, 2016

김범준, 국내투자 혼성단체(hybrid entity)의 과세 문제, 서울대학교, 2016.

김병순, 손익의 귀속시기에 관한 연구: 법인세법상 예약매출을 중심으로, 강남대학교, 2016.

김상술, 소득세법상 거주자 개념에 관한 연구, 강남대학교, 2016.

김신언, 국제적 디지털거래의 과세제도에 관한 연구, 고려대학교, 2016.

김영철, 지방소득세 납세지 개편, 서울시립대학교, 2016.

김은태, 조세조약상 수익적 소유자 과세에 관한 연구, 강남대학교, 2016

김종근, 세법상 배당소득의 범위에 관한 연구, 서울시립대학교, 2016.

김태완, 비상장주식 평가제도에 관한 연구: 상증법상 보충적평가법을 중심으로, 가천대학교, 2016.

김해마중, 고정사업장 제도에 관한 연구-조세조약상 고정사업장의 기능과 요건, 전망에 관하여, 서울대학교, 2016.

류지민, 제재적 조세의 규범적 한계에 관한 연구: 기업소득 환류세제를 중심으로, 이화여자대학교, 2016.

백승철, 재활용폐자원 등에 대한 부가가치세매입세액 공제특례제도에 대한 연구, 수원대학교, 2016.

서정수, 주택재건축·재개발조합의 과세체계 정비방안 연구, 강남대학교, 2016.

신태욱, 다국적기업의 이전가격과 과세기준에 관한 연구, 성균관대학교, 2016.

윤충식, 주식의 포괄적 교환·이전 세제에 관한 연구, 강남대학교, 2016.

이한우, 학교법인의 법인세 과세제도에 관한 연구, 국민대학교, 2016.

임채문, 상증세법상 비상장주식 보충적평가방법의 문제점 및 개선방안에 관한 연구: 이해관계자집단의 인식을 중심으로, 가천대학교, 2016.

정건용, 법인세법상 자본거래와 손익거래의 혼합거래 과세에 관한 연구, 강남대학교, 2016.

정용환, 비영리법인의 법인세과세 개선방안에 관한 연구: 특별법에 의해 설립된 공제단체 비영리법인을 중심으로, 가천대학교, 2016.

주정일, 조세법상 법인격부인론의 적용가능성과 적용방법에 관한 연구, 서울시립대학교, 2016.

최원, 연대납세의무에 관한 연구, 서울시립대학교, 2016.

홍도현, 완전포괄주의 증여과세의 사례분석을 통한 개선방안에 관한 연구, 강남대학교, 2016.

황호식, 위법소득 과세와 위법비용 손비 인정에 관한 연구: 「부정청탁 및 금품 등 수수의 금지에 관한 법률」을 중심으로, 강남대학교, 2016.

〈2015년〉

김봉래, 세법해석 사전답변제도의 도입효과에 관한 실증연구, 가천대학교, 2015.

김상문, 법인세법상 부당해위계산부인 제도에 관한 연구, 강남대학교, 2015.

김정기, 차명 주식 거래 과세에 관한 연구: 명의신탁 증여의제를 중심으로, 서울시립대학교, 2015.

김정선, 중국진출 한국 제조기업의 이전가격 결정요인, 고려대학교, 2015.

김창범, 조세법의 시간적 적용범위에 관한 연구: 조세법령의 부칙을 중심으로, 서울시립대학교, 2015.

김홍철, 증여세 완전포괄주의에 따른 법체계 정비에 관한 연구: 과세대상과 증여재산가액 산정의 구분을 중심으로, 서울시립대학교, 2015.

남기봉, 기업구조조정 세제에 관한 연구: 조세회피방지를 중심으로, 강남대학교, 2015.

마영민, 특정외국법인세제에 관한 연구-해외배당소득의 원천지 과세제도로의 전환을 중심으로, 서울시립대학교, 2015.

박설아, 특수관계인으로부터의 용역 수입시 부가가치세 과세에 관한 연구: 과세표준 및 이전가격세제와의 조화를 중심으로, 서울시립대학교, 2015.

박성일, 금융투자소득의 도입방안에 관한 연구, 동의대학교, 2015.

박해실, 현행 세무조사제도의 문제점과 개선방안에 관한 연구, 가천대학교, 2015.

배형남, 조세심판의 결정과 처리기간에 영향을 미치는 요인에 관한 연구: 상속세 및 증여세법상 비상장주식 관련 조세심판결정례를 중심으로, 동국대학교, 2015.

석숙자, 혼인과 출산 장려를 위한 세제 개선방안, 강남대학교, 2015.

손기준, 준공공임대주택사업의 조세제도 개선방안에 관한 연구, 동의대학교, 2015.

손낙구, 일제하 세무관서의 설치와 운영, 건국대학교, 2015.

송경학, 혼성보험계약의 과세제도에 관한 연구, 성균관대학교, 2015.

송기형, 한국의 상속과세의 정치경제: 삼성, 현대자동차, LG 및 SK 사례 연구, 아주대학교, 2015.

신해진, 기부문화 활성화를 위한 과세제도 연구, 강남대학교, 2015.

안병석, 장학재단의 과세제도 개선에 관한 연구, 서울시립대학교, 2015.

오광태, 고정사업장 과세제도 개선방안 연구: OECD 고정사업장 귀속소득 계산 일반원칙(AOA)을 중심으로, 강남대학교, 2015.

이명혁, 공익법인의 관리체계 개선방안에 관한 연구: 공익성 검증 및 사후관리방안 중심으로, 계명대학교, 2015.

이미정, 국제적 디지털 거래의 부가가치세 과세에 대한 연구, 서울시립대학교, 2015.

이전자, 부가가치세 면세제도의 개선방안에 관한 연구: 이해관계자의 개선방안 인식차이를 중심으로, 가천대학교, 2015.

이주섭, 상속세 및 증여세법상 비 상장주식 유사상장법인 주가비교평가법의 개선방안에 관한 연구, 동국대학교, 2015.

임재현, 금융투자소득의 도입방안에 관한 연구, 성균관대학교, 2015.

장재형, 배당, 분배, 배분의 개념체계와 과세제도에 관한 연구, 고려대학교, 2015.

정성윤, 역외탈세 방지를 위한 조세범 처벌법제의 개선에 관한 연구, 서울시립대학교, 2015.

진훈돈, 조세법측면에서의 사해행위취소권에 관한 연구, 광운대학교, 2015.

최병곤, 종교단체의 과세제도에 관한 연구, 강남대학교, 2015.

〈2014년〉

김미희, 양도소득세 과세대상 자산의 증여에 따른 과세제도 연구, 서울시립
  대학교 세무전문대학원, 2014.

김정홍, 차별과세의 금지에 관한 국제법 규범의 연구, 서울대학교 대학원,
  2014.

김종두, 양도소득세 결집효과 등에 의한 증가효과 및 양도소득세제 개선방안
  에 관한 연구, 가천대학교 대학원, 2014.

노수만, 조세법상 부동산 평가방법의 문제점과 개선방안에 관한 연구, 서울
  시립대학교 세무전문대학원, 2014.

서석환, 소득처분제도에 관한 법적 연구, 서울대학교 대학원, 2014.

손영철, 수익증권발행신탁 과세방안에 관한 연구, 국민대학교 대학원, 2014.

안호영, 상속세 유산취득세방식 전환에 관한 연구: 전환에 따른 입법적보완
  을 중심으로, 서울시립대학교 세무전문대학원, 2014.

이당영, 조세정의 구현을 위한 조세정책 방향에 관한 연구, 가천대학교 대학
  원, 2014.

이복희, 부가가치세법상 세금계산서 제도에 관한 연구, 서울시립대학교 세무
  전문대학원, 2014.

이영환, 공익법인 과세체계 정립에 관한 연구, 서울시립대학교 세무전문대학
  원, 2014.

이한규, 조세입법권의 절차적 정당성 제고에 관한 연구, 서울시립대학교 세
  무전문대학원, 2014.

임동원, 동업기업과세제도에 대한 연구, 한양대학교 대학원, 2014.

임채수, 부당신고가산세율 인상으로 인한 기업의 탈세감소 효과에 관한 연
  구: 국세 심사·심판 결정사례에 의한 실증분석을 중심으로, 가천대

학교 대학원, 2014.

차규현, 자동차관련 조세의 개편방안 연구, 서울시립대학교 세무전문대학원,
2014.

최미희, 비과세·감면제도의 입법에 관한 연구, 서울시립대학교 세무전문대
학원, 2014.

허정준, 주식 명의신탁 과세제도 개편방안 연구, 가천대학교 대학원, 2014.

홍순기, 세법상 시가규정의 개선방안에 관한 연구: 부동산 및 비상장주식을
중심으로, 국민대학교 대학원, 2014.

황윤지, 금융과세제도의 개선방안에 관한 연구, 연세대학교 대학원, 2014.

〈2013년〉

강성모, 부가가치세 공급의제에 관한 연구, 서울대학교 대학원, 2013.

강형원, 조세소송상 입증책임 배분의 개선방안에 관한 연구, 가천대학교 대
학원, 2013.

구재완, 양도소득세 실지거래가액 과세제도 시행에 따른 세부담 효과 및 납
세인식도에 관한 연구, 가천대학교 대학원, 2013.

김도형, 동업기업과세특례의 적용범위 및 손익배분에 관한 연구, 성균관대학
교 일반대학원, 2013.

김진영, 특수관계법인에 대한 이익제공행위의 공법적 제한에 관한 연구: 일
감몰아주기 과세방안을 중심으로, 성균관대학교 법학전문대학원,
2013.

김천옥, 고정사업장의 소득금액 배분에 관한 연구, 서울시립대학교 세무전문
대학원, 2013.

서대원, 양도소득세가 주택가격에 미친 효과분석 및 향후 개편방안에 관한

연구, 서울시립대학교 세무전문대학원, 2013.

안연환, 증여 활성화를 위한 상속세제 개편방안 연구, 고려대학교 대학원, 2013.

양시진, 신용카드 조세지원정책의 개선방안에 관한 연구, 가천대학교 대학원, 2013.

이강, 사모투자펀드의 운용과 과세에 관한 법적 연구, 연세대학교 대학원, 2013.

이유진, 국제상속과세제도에 관한 연구: 상속세 조약의 도입을 중심으로, 서울시립대학교 세무전문 대학원, 2013.

이재경, 미술산업 과세의 현안과 개선방안에 관한 연구, 서울대학교 대학원, 2013.

임상엽, 기업인수세제의 논리와 구조에 관한 연구: 중립성의 추구와 그 한계를 중심으로, 서울대학교 대학원, 2013.

정달성, 세무조사가 법인세 과세표준 신고에 미치는 영향, 가천대학교 대학원, 2013.

한원식, 신탁세제에 대한 연구: 납세의무자를 중심으로, 서울시립대학교 세무전문대학원, 2013.

홍인수, 개인사업자의 기장의무 및 신고유형에 따른 납세협력비용이 납세순응도에 미치는 영향, 가천대학교 대학원, 2013.

〈2012년〉

권오도, 담보물권에 대한 조세우선권의 연구: 입법론을 중심으로, 서울시립대학교 세무전문대학원, 2012.

김동준, 소득세 과세단위에 대한 연구: 선택적 2분2승제 도입 시의 경제적 효과 분석, 성균관대학교 대학원, 2012.

김청식, 회생절차 관련 세제의 문제점과 개선방안, 서울시립대학교 세무전문
대학원, 2012.

명영준, 조세법상 부과제척기간에 관한 연구, 서울시립대학교 세무전문대학
원, 2012.

문창용, 주식 양도차익 과세제도의 개선방안 연구, 가천대학교 대학원, 2012.

박장선, 세무조사 절차상 납세자권리 보호에 관한 연구, 서울시립대학교 세
무전문대학원, 2012.

백운찬, 기부금 과세제도의 개선방안: 기부문화의 활성화와 투명화 방안을
중심으로, 서울시립대학교 세무전문대학원, 2012.

신호영, 소득과세법상 임직원 횡령에 따른 회사의 의무부담에 관한 연구, 한
양대학교 대학원, 2012.

윤지현, 조세소송의 심리와 판결 효력의 범위에 관한 연구, 서울대학교 대학
원, 2012.

이미영, 결손금 공제제도의 문제점과 개선방안, 서울시립대학교 세무전문대
학원, 2012.

이은자, 전단계세액공제법 측면에서 본 부가가치세제의 문제점과 개선방안
에 관한 연구, 성균관대학교 대학원, 2012.

이재권, 통일세 도입의 적정성에 관한 연구, 한남대학교 대학원, 2012.

이준봉, 유동화거래의 과세에 관한 연구, 서울대학교 대학원, 2012.

장월하, 증권투자소득 과세상 한중조세조약 개선방안 연구, 국민대학교 대학
원, 2012.

정승영, 국세기본법상 실질과세의 원칙에 대한 연구, 성균관대학교 대학원,
2012.

조성자, 증여세 완전포괄주의 제도의 문제점과 개선방안에 관한 연구, 성균
　　　관대학교 대학원, 2012.

조용민, 소득세법상 이자소득에 관한 연구: 이자소득의 범위 및 유형별 포괄
　　　주의를 중심으로, 고려대학교 대학원, 2012.

주해진, 현행 소득처분 관련규정의 위헌성에 관한 연구, 한양대학교 대학원, 2012.

최봉희, 법인세법의 입법취지에 관한 연구: 총칙 편을 중심으로, 조선대학교
　　　대학원, 2012.

〈2011년〉

권태윤, 동업기업과세특례제도 이용 활성화방안에 관한 연구, 강남대학교 대
　　　학원, 2011.

길병학, 우리나라 탄소세 도입방안에 관한 연구, 강남대학교 대학원, 2011.

김영순, 국세환급제도의 합리적 해석과 그 개선방안에 관한 연구, 서울시립
　　　대학교, 2011.

김용찬, 부당신고가산세에 관한 연구, 서울시립대학교, 2011.

김종봉, 우리나라 기업구조조정 세제에 관한 연구: 현행 구조조정 세제의 문
　　　제점과 개선방안, 경원대학교 대학원, 2011.

김종해, 신탁과세제도에 관한 연구, 강남대학교 대학원, 2011.

김현동, 세법상 무형자산에 관한 규정의 문제점과 개선방안에 관한 연구, 연
　　　세대학교 대학원, 2011.

류대현, 조세쟁송에 있어서 입증책임에 관한 연구, 수원대학교 대학원, 2011.

마정화, 합병 및 분할 과세제도 개선에 대한 연구, 연세대학교 대학원, 2011.

변상구, 파생금융상품소득에 대한 과세제도 개선방안, 성균관대학교 대학원, 2011.

서윤식, 소득처분제도의 문제점과 개선방안: 사외유출금액에 대한 과세문제

를 중심으로, 서울시립대학교, 2011.

양인준, 합병·분할시 세무요소 승계에 관한 연구, 서울대학교 대학원, 2011.

임규진, 용역기부와 기부신탁제도의 도입방안에 관한 연구: 조세 측면을 중
심으로, 성균관대학교 대학원, 2011.

장태평, 우리나라 농산업의 경쟁력 제고를 위한 세제개편 방안 연구, 강남대
학교 대학원, 2011.

최영렬, 소득세법상 금융소득 과세제도 개선방안에 관한 연구, 한양대학교
대학원, 2011.

최현택, 골프장업 관련 조세의 문제점과 개선방안에 관한 연구: 정책적 조세
측면에서, 경원대학교 대학원, 2011.

⟨2010년⟩

김석환, 투시과세제도에 대한 비교연구: 미국 및 일본의 제도와의 비교를 중
심으로, 서울대학교 대학원, 2010.

문진혁, 보험 관련 과세제도에 관한 법적 연구: 입법적 개선방안을 중심으로,
서울시립대학교 대학원, 2010.

박수환, IFRS 도입에 따른 비상장기업 회계기준 제정과 세법과의 조화 방향,
홍익대학교 대학원, 2010.

성백운, 관세추징제도의 개선에 관한 연구, 한남대학교 대학원, 2010.

이진이, 지방세 세무조사에 관한 연구: 지방세 세무행정을 중심으로, 강남대
학교 대학원, 2010.

최성탁, 농업경쟁력 제고를 위한 조세제도, 계명대학교 대학원, 2010.

최천규, 상속세 및 증여세법상 가업승계제도에 관한 연구, 서울시립대학교, 2010.

허원, 의료법인의 과세제도개선에 관한 연구, 서울시립대학교, 2010.

황남석, 주식회사 분할의 과세에 관한 연구, 서울시립대학교, 2010.

⟨2009년⟩

김광태, 주식매수선택권의 과세문제, 조선대학교 대학원, 2009.

김명돌, 종교단체의 과세제도에 관한 연구, 용인대학교 대학원, 2009.

김상길, 납세자기본권에 관한 연구: 헌법적 측면을 중심으로, 경원대학교 대학원, 2009.

김정수, 현행 양도소득세제의 개선방안에 관한 연구: 장기보유특별공제 및 특례세율을 중심으로, 경희대학교 대학원, 2009.

남궁훈, 우리나라 생명보험산업의 세제개편방안에 관한 연구, 강남대학교 대학원, 2009.

박승재, 기업형태의 선택과 법형식 중립적 과세원칙에 관한 연구, 고려대학교 대학원, 2009.

서광석, 회사분할의 과세체계에 관한 연구, 중앙대학교 대학원, 2009.

오문성, 특수목적법인(SPC)의 법적 구조와 과세 제도에 관한 연구: 유동화전문회사 및 투자회사를 중심으로, 고려대학교 대학원, 2009.

오태영, 이전가격과세제도와 관세평가제도의 조화에 관한 연구, 한남대학교 대학원, 2009.

유재선, 자본이득세제에 관한 연구: 비사업자의 부동산 양도소득 과세에 대한 입법론을 중심으로, 강남대학교 대학원, 2009.

윤정화, 조세법에서의 성 주류화 연구, 이화여자대학교 대학원, 2009.

한성수, 한미조세조약의 개정방안, 서울시립대학교 세무전문대학원, 2009.

황영순, 조세피난처를 이용한 공격적인 조세회피 방지 방안에 관한 연구, 강남대학교 대학원, 2009.

〈2008년〉

고은경, 세법상 경정청구제도에 관한 연구, 중앙대학교 대학원, 2008.

김태완, 조세법상 물납제도에 관한 연구, 서울시립대학교 세무대학원, 2008.

백덕현, 상속세 및 증여세의 소득세에 대한 보완적 기능에 관한 연구, 건국대
학교 대학원, 2008.

석명복, 국가 간 조세차익거래에 관한 연구, 강남대학교, 2008.

손해연, 한 · 중 조세조약 개정방안 연구: 인적 및 물적 교류 촉진방안을 중심
으로, 강남대학교, 2008.

양충모, 종합부동산세법에 관한 연구: 재정목적적 조세와 정책목적적 조
세 사이의 법적문제 및 그 해결방안을 중심으로, 한영대학교 대학원,
2008.

이의영, 회사도산세제의 개선방향에 관한 연구: 효율적 도산제도 운용을 위
한 조세법적 접근, 서울대학교 대학원, 2008.

장윤영, 소득세의 세무조사 제도의 개선방안에 관한 연구, 경원대학교 대학
원, 2008.

〈2007년〉

구해동, 직접적 행정규제와 세금의 비교 및 선택에 관한 연구: 효율과 공평을
기준으로, 서울대학교 대학원, 2007.

김관균, 조세불복소송에 있어서 납세자 권익보호 증대방안에 관한 연구, 수
원대학교 대학원, 2007.

김수성, 사학연금기금 운용이익의 과세 여부에 관한 법제적 연구, 서울시립
대학교 세무대학원, 2007.

김태호, 지방세법상 취득세의 취득개념과 과세물건에 관한 연구, 서울시립대

학교 세무대학원, 2007.

박성규, 세법의 위헌결정에 따른 납세자의 권리구제, 서울대학교 대학원, 2007.

박요찬, 증여세의 포괄증여규정 및 개별 예시규정의 위헌성 연구, 서울시립대학교 세무대학원, 2007.

박종호, 소송전 납세자 권리구제제도에 관한 연구, 중앙대학교 대학원, 2007.

신만중, 조세소송에서의 입증책임: 입증책임의 분배와 입법화 방안을 중심으로, 경희대학교 대학원, 2007.

오윤, 조세조약상 소득의 귀속에 관한 연구, 국민대학교 대학원, 2007.

이은미, 조합의 과세에 관한 연구, 한양대학교 대학원, 2007.

이재호, 국내법에 의한 조세조약의 배제에 관한 연구, 서울대학교 대학원, 2007.

채현석, 무상이전 자산의 과세제도에 관한 연구, 서울시립대학교 세무대학원, 2007.

최봉길, 상속·증여세 과세목적상 비상장주식 평가의 문제점과 개산방안, 건국대학교 대학원, 2007.

최홍규, 제2차납세의무제도에 관한 연구, 서울시립대학교 세무대학원, 2007.

〈2006년〉

김경종, 강제집행등과 체납처분의 절차조정법의 입법론적 연구, 서울시립대학교 세무대학원, 2006.

김광명, 지방세법상의 조세회피에 관한 연구: 비과세·감면제도를 중심으로, 동아대학교 대학원, 2006.

김선득, 증여세 완전 포괄주의에 관한 연구, 상지대학교 대학원, 2006.

임재근, 지방세 과세법리에 관한 연구: 납세의무 성립과 확정을 중심으로, 서울시립대학교 세무대학원, 2006.

정지선, 취득세의 합리적 개선방안에 관한 연구: 입법론을 중심으로, 서울시립대학교 대학원, 2006.

조명연, 회사분할의 과세제도에 관한 연구, 경희대학교 대학원, 2006.

황진영, 조세민사소송에 있어서 사해행위취소에 관한 연구, 연세대학교 대학원, 2006.

〈2005년〉

김종철, 연결납세제도의 입법방안에 관한 연구, 서울시립대학교 세무대학원, 2005.

박을술, 국제화 시대에 적합한 한국 세제 개선에 관한 연구: 고정사업장, 이전가격 및 조세불복 사례를 중심으로, 수원대학교 대학원, 2005. (경영학)

서경식, 다국적기업의 서비스 이전가격세제에 관한 연구, 동아대학교 대학원, 2005.

양종관, 농업환경변화와 조세지원정책에 관한 연구, 국민대학교 대학원, 2005. (경제학)

이성식, 부가가치세제의 합리적 개선방안에 관한 연구, 서울시립대학교 세무대학원, 2005.

장덕렬, 이전가격세제상 비교이익법 적용의 문제점과 개선방안, 서울시립대학교 세무대학원, 2005.

정대진, 한국의 종교단체에 관한 조세법상의 연구, 동국대학교 대학원, 2005.

정병용, 조세법상 준거개념의 사법관련성에 관한 연구, 건국대학교 대학원, 2005.

〈2004년〉

김웅희, 조세법의 기본원칙에 관한 헌법적 연구, 숭실대학교 대학원, 2004.

김정식, 부부단위 과세제도의 입법론적 연구, 서울시립대학교 세무대학원, 2004.

신용주, 명의신탁으로 인한 증여세제 과세에 관한 연구, 경희대학교 대학원, 2004.

신찬수, 우리나라의 그룹과세제도 도입방안에 관한 연구: 연결납세제도의 도입방안을 중심으로, 서울시립대학교 세무대학원, 2004.

이재일, 국세와 지방세의 세원조정에 관한 연구, 조선대학교 대학원, 2004.

최경수, 주식양도차익의 적정과세방안에 관한 연구: 상장주식의 과세범위 확대를 중심으로, 숭실대학교 대학원, 2004.

〈2003년〉

김용식, 지방세 비과세 · 감면제도의 개선방안에 관한 연구, 한남대학교 대학원, 2003.

김형상, 생활수준에 의한 추계과세제도 도입방안에 관한 연구: 사업소득자의 음성 · 탈루소득을 중심으로, 중앙대학교 대학원, 2003.

박병호, 우리나라 부동산세제에 관한 연구: 지방세법을 중심으로, 동의대학교 대학원, 2003.

박영기, 전자 전송물의 국제거래에 대한 관세부과 방안에 관한 연구, 단국대학교 대학원, 2003. (국제무역이론)

박훈, 부동산 간접투자의 법적 구조와 세제에 관한 연구: 부동산투자회사를 중심으로, 서울대학교 대학원, 2003.

오경희, 비영리법인에 대한 과세제도에 관한 연구, 조선대학교 대학원, 2003.

〈2002년〉

김병일, 자산유동화 과세제도에 관한 연구, 경희대학교 대학원, 2002.

남두희, 조세소송과 소송물에 관한 연구, 영남대학교 대학원, 2002.

오준석, 환경세제에 관한 법경제학적 연구: 게임이론의 메카니즘 접근법을 중심으로, 경희대학교 대학원, 2002.

이광범, 전자상거래에 있어서 무역관련 조세체계의 설정에 관한 연구, 청주 대학교 대학원, 2002.

이성하, 관광세 도입방안에 관한 연구, 조선대학교 대학원, 2002.

전형수, 세무조사의 개선방안에 관한 연구: 우리나라 세무조사의 법리적·실 증적 고찰을 중심으로, 건국대학교 대학원, 2002.

황지연, 부동산 양도차익 결정방법에 관한 연구, 명지대학교 대학원, 2002.

　　　(경제학)

〈2001년〉

홍성표, 납세자 권리보호를 위한 조세적정절차에 관한 연구, 대전대학교 대 학원, 2001.

차상봉, 과세자주권의 범위와 확대에 관한 연구, 충남대학교 대학원, 2001.

〈2000년〉

김동복, 조세소송에 있어서 입증책임에 관한 연구, 조선대학교 대학원, 2000.

김찬섭, 연결납세제도의 도입구도에 관한 연구, 한양대학교 대학원, 2000.

노태주, 회사합병의 조세제도에 관한 연구, 경남대학교 대학원, 2000.

박민, 국제이중과세에 관한 연구, 연세대학교 대학원, 2000.

오정수, 전자상거래에 대한 효율적인 부가가치세 과세 방안, 세종대학교 대학원, 2000.

윤현석, 회사분할제도의 유연성과 편의성 제고를 위한 연구: 상법과 세법의
　　　개정방안을 중심으로, 한양대학교 대학원, 2000.

이동준, 조세법상 실질과세원칙의 적용에 관한 연구, 동의대학교 대학원,
　　　2000.

이종렬, 종속대리인과세제도의 폐지와 이전가격세제로의 대체 가능성에 관
　　　한 연구: OECD모델조세조약을 중심으로, 경희대학교 대학원, 2000.

이천현, 조세형법의 합리화 방안에 관한 연구, 한양대학교 대학원, 2000.

정수현, 지방자치단체의 재정자주권에 관한 연구: 지방세 과세권을 중심으
　　　로, 부산대학교 대학원, 2000.

〈1999년〉

김대영, 과세쟁점사례분석을 통한 비영리법인과세의 개선방향, 홍익대학교
　　　대학원, 1999.

김백영, 세법상의 신의성실과 신뢰보호원칙, 동아대학교 대학원, 1999.

김필종, 조세쟁송에 관한 연구, 동의대학교 대학원, 1999.

나석진, 지주회사의 세제에 관한 연구, 성균관대학교 대학원, 1999.

나성길, 조세입법론에 관한 연구, 경희대학교 대학원, 1999.

소순무, 조세환급청구권과 그 소송구조에 관한 연구, 경희대학교 대학원, 1999.

이전오, 납세자를 위한 사법적 구제에 관한 연구: 조세환급금과 손해배상을
　　　중심으로, 경희대학교 대학원, 1999.

채수열, 기업합병 과세에 관한 연구, 경희대학교 대학원, 1999.

한만수, 기업구조조정의 과세에 관한 연구: 미국제도와의 비교를 통한 개선
　　　책을 중심으로, 서울대학교 대학원, 1999.

⟨1998년⟩

김공박, 재산보유세과표의 공평성에 관한 연구: 토지과표를 중심으로, 국민
　　대학교 대학원, 1998.

김민훈, 세법상 납세자의 지위에 관한 연구: 미국의 신고납세제도를 중심으
　　로, 부산대학교 대학원, 1998.

김영조, 행정조사에 관한 연구: 특히 세무조사의 법적 문제를 중심으로, 경희
　　대학교 대학원, 1998.

배세환, 우리나라 상속세 및 증여세제의 개선방안에 관한 연구, 조선대학교
　　대학원, 1998.

주요식, 연결납세제도의 도입에 관한 연구, 동국대학교 대학원, 1998.

⟨1997년⟩

고광복, 의제배당 과세제도에 관한 연구, 한양대학교 대학원, 1997.

김병두, 조세에 의한 토지소유권 제한법리에 관한 연구, 전주대학교 대학원,
　　1997.

김철권, 적대적 기업인수와 그 조세문제에 관한 연구: 미국 회사법과 내국세
　　입법(IRC)을 중심으로, 서울대학교 대학원, 1997.

박경환, 지방세로서 관광세 도입 효과, 경북대학교 대학원, 1997.

이성우, 파생금융상품 거래의 과세에 관한 연구, 서울대학교 대학원, 1997.

이영우, 세법상의 증여의제 및 추정에 관한 연구, 건국대학교 대학원, 1997.

조병환, 납세자 권익보호를 위한 조세행정에 관한 연구: 적정절차를 중심으
　　로, 광운대학교 대학원, 1997.

〈1996년〉

강인애, 실학파의 조세사상 연구: 한국조세제도 근대화의 사상적 연원, 중앙
　　대학교 대학원, 1996.

김두형, 조세법의 해석론에 관한 연구, 경희대학교, 1996.

라휘문, 지방자치단체 간 세수의 균등배분을 위한 세원조정 연구, 성균관대
　　학교 대학원, 1996.

배병택, 사업주급여의 필요경비성에 관한 연구, 계명대학교 대학원, 1996.

이국희, 국제조세조약상 고정사업장에 관한 연구: OECD 모델조약을 중심
　　으로, 홍익대학교 대학원, 1996.

하홍준, 조세법상 비영리법인에 관한 연구, 영남대학교, 1996.

〈1995년〉

이정기, 다국적기업의 이전가격결정에 따른 조세대응전략에 관한 연구, 중앙
　　대학교 대학원, 1995.

유일언, 미국의 연방조세법원제도에 관한 연구: 조세법률주의와 개인의 권리
　　구제를 중심으로, 한양대학교 대학원, 1995.

황옥규, 미국세법상 이전가격 산정에 관한 연구, 숭실대학교 대학원, 1995.

〈1994년〉

강성은, 다국적기업의 국제적 조세회피행위에 대한 법적 규제: 이전가격세제
　　를 중심으로, 전남대학교 대학원, 1994.

최성렬, 기업의 매수·합병(M&A)의 법적규제에 관한 연구, 성균관대학교 대
　　학원, 1994.

〈1993년〉

김부겸, 기업합병의 과세제도와 조세회피에 관한 연구, 명지대학교 대학원, 1993.

안경봉, 조세회피에 관한 연구: 전형적 거래를 중심으로, 서울대학교 대학원, 1993.

임일도, 조세법률주의에 관한 연구, 조선대학교, 1993.

차신준, 조세행정에 있어서의 납세순응비용과 징세비용에 관한 연구, 한국외국어대학교 대학원, 1993.

〈1992년〉

김종근, 한국의 조세조약에 관한 연구: 과세원칙과 요건을 중심으로, 단국대학교 대학원, 1992.

서순종, 조세 확정에 관한 연구: 절차 및 방법론을 중심으로, 경희대학교 대학원, 1992.

장병구, 한국의 지방토지세제에 관한 연구, 단국대학교 대학원, 1992.

〈1991년〉

김재길, 실질과세의 원칙에 관한 연구: 본질론을 중심으로, 경희대학교 대학원, 1991.

최삼철, 비영리법인에 대한 조세부과제도, 경북대학교 대학원, 1991.

현삼원, 한국의 이전가격과세제도에 관한 연구: 현행제도의 문제점과 개선방안을 중심으로, 경희대학교 대학원, 1991.

〈1990년〉

김완석, 조세심판에 관한 연구, 중앙대학교 대학원, 1990.

송쌍종, 조세법의 논리체계에 관한 연구: 조세법령의 내용과 형식에 관한 법 인식론, 국민대학교 대학원, 1990.

전상구, 소득세제도에 관한 연구: 개인기업의 사업주보수를 중심으로, 부산 대학교 대학원, 1990.

최명근, 우리나라 상속과세체계의 개편에 관한 연구, 경희대학교 대학원, 1990.

〈1989년〉

오재선, 개인소득세의 과세소득에 관한 연구, 동국대학교 대학원, 1989.

한용석, 한국에 있어서 련결법인세제의 도입방안에 관한 연구, 홍익대학교 대학원, 1989.

〈1986년〉

김정길, 부가가치세법의 이론과 운영에 관한 연구: 효율적 운영을 위한 실증 적 고찰을 중심으로, 한양대학교 대학원, 1986.

윤주한, 회사합병에 있어서 세제상의 문제점에 관한 연구, 전남대학교 대학 원, 1986.

〈1985년〉

나오연, 한국의 부가가치세에 관한 연구: 효과분석과 제도개선책을 중심으 로, 건국대학교 대학원, 1985.

⟨1984년⟩

강을성, 법인의 과세소득에 관한 연구: 행위계산부인을 중심으로, 한양대학
　　　교 대학원, 1984.

명형식, 조세범죄와 그 처벌절차에 관한 연구, 조선대학교 대학원, 1984.

박평준, 한국의 토지세제에 관한 연구, 전남대학교 대학원, 1984.

⟨1983년⟩

윤승영, 국세쟁송제도연구: 위법한 국세행정처분에 대한 권리구제제도 연구,
　　　고려대학교 대학원, 1983.

⟨1976년⟩

이태로, 과세소득의 개념에 관한 연구, 서울대학교 대학원, 1976.

⟨1975년⟩

이종남, 세법상 부정 소득에 관한 연구, 건국대학교 대학원, 1975.

제2절
서울시립대 세무전문대학원
박사학위자 현황(지도교수 박훈)

연번	성명	제목	학위연월
1	채현석	무상이전 자산의 과세제도에 관한 연구	2007.2
2	김태완	조세법상 물납제도에 관한 연구: 상속세 및 증여세를 중심으로	2008.2
3	허원	의료법인의 과세제도 개선에 관한 연구	2010.2
4	서대원	양도소득세가 주택가격에 미친 효과 분석 및 향후 개편방안에 관한 연구	2013.2
5	이유진	국제상속과세제도에 관한 연구: 상속세조약의 도입을 중심으로	2013.2
6	한원식	신탁세제에 대한 연구: 납세의무자를 중심으로	2013.2
7	이복희	부가가치세법상 세금계산서제도에 관한 연구	2014.2
8	이한규	조세입법권의 절차적 정당성 제고에 관한 연구	2014.2
9	최미희	비과세·감면제도의 입법에 관한 연구	2014.2
10	김미희	양도소득세 과세대상자산의 증여에 따른 과세제도 연구	2014.2
11	안호영	상속세 유산취득세방식 전환에 관한 연구: 전환에 따른 입법적 보완을 중심으로	2014.8
12	김정기	차명주식 거래과세에 관한 연구: 명의신탁 증여의제를 중심으로	2015.2
13	박설아	특수관계인으로부터의 용역 수입시 부가가치세 과세에 관한 연구: 과세표준 및 이전가격세제와의 조화를 중심으로	2015.2
14	정성윤	역외탈세 방지를 위한 조세범처벌법제의 개선에 관한 연구	2015.2
15	이미정	국제적 디지털거래의 부가가치세 과세에 대한 연구	2015.8
16	마영민	특정외국법인세제에 관한 연구: 해외배당소득의 源泉地 과세제도로의 전환을 중심으로	2015.8
17	안병석	장학재단의 과세제도 개선에 관한 연구	2015.8
18	김홍철	증여세 완전포괄주의에 따른 법체계 정비에 관한 연구: 과세대상과 증여재산가액 산정의 구분을 중심으로	2015.8
19	김종근	세법상 배당소득의 범위에 관한 연구	2016.2

연번	성명	제목	학위연월
20	김현준	조세법상 경정청구제도의 문제점 및 개선방안에 관한 연구	2017.2
21	공현진	소득세제와 소비세제의 매출에누리 및 판매장려금에 관한 연구	2017.2
22	송동진	사외유출소득의 과세에 관한 연구	2017.8
23	김민정	다국적기업의 관세회피에 대한 법적 대응·방안에 관한 연구	2018.2
24	권형기	부가가치세법상 실질과세원칙의 적용에 관한 연구	2019.2
25	윤문구	지방세법상 취득세에 관한 연구 -조세심판원 심판결정례 분석을 중심으로	2020.2
26	문필주	원천징수의무의 합리적 범위 확정에 관한 연구	2020.8
27	윤순상	인지세의 현대적 의미에 관한 연구	2023.2
28	박경환	농업 부문 조세제도의 개선 방안에 관한 연구	2023.2
29	이호섭	국제적 사업자 간 용역거래의 부가가치세 과세에 관한 연구	2023.8
30	김명준	BEPS방지 다자협약 체제하에서 주요목적기준과 실질과세원칙의 해석 및 적용에 관한 연구	2024.8

조세법 박사학위 실제 사례(초록 중심)

1. 무상이전 자산의 과세제도에 관한 연구

채현석*

경제적 가치 있는 재산이 경제주체 간에 아무런 대가관계를 수반하지 아니하고 이전되는 경우에는 생존 중에 이루어지는 증여와 사망을 계기로 하여 이루어지는 상속이 있다. 이처럼 자산이 피상속인 또는 증여자로부터 상속인 또는 수증자에게 이전될 때, 현행 세법은 무상이전자에 대해 보유기간 동안 증가한 자본이득에 대해서 과세하지 아니하고 무상취득자에게 상속세 또는 증여세만을 매긴다. 그리고 당해 자산이 상속인 또는 수증자로부터 제삼자에게 이전되는 경우 무상취득자의 양도소득세 과세를 위한 자산의 취득가액은 무상이전자의 취득가액이 아닌 상속개시일 또는 증여받은 때의 가액으로 하도록 하고 있다.

이처럼 자산의 무상이전에 대해 양도소득세를 과세하지 않는 것은 현행 소득세법 제88조에서 '자산이 유상으로 사실상 이전되는 경우'만을 양도로 규정하여 오직 유상양도에 한하여 양도소득세를 과세하도록 하는데 기인한다. 그리

---

* 공인회계사

고 무상취득자의 취득가액이 무상이전시점의 가액이어서 무상이전자의 보유기간동안 증가한 자본이득이 영구히 양도소득세의 과세에서 제외되고 있다. 뿐만 아니라 당해 무상이전된 자산가액이 상속세 및 증여세법상의 상속공제 또는 증여공제액 한도 내라면, 무상이전시점에서 양도소득세뿐만 아니라 상속세 또는 증여세까지 매기지 못하는 과세공백이 발생하게 된다.

이로 인해 과세상 수직적·수평적 불공평이 발생하고 있다. 즉 양도소득세의 과세대상자산을 처분하여 현금 등으로 무상이전하는 경우와 직접 무상이전하는 경우 간에 과세상 수평적 불공평이 야기되고 있다. 또한 누진세율 구조아래에서는 고소득자의 비과세액이 저소득자보다 크므로 고소득자를 우대하는 결과가 되어 수직적 공평이 침해되고 있다.

둘째, 무상이전의 경우 정부로부터 양도소득세가 비과세된 세액만큼의 보조금을 지급받는 효과가 생긴다. 반면에 유상양도의 경우에는 과세이연된 양도소득세액만큼을 무이자로 정부로부터 대여받는 효과를 얻을 수 있다. 이러한 효과는 과세상의 불공평과 자원배분의 비효율을 야기하는데, 무상이전의 경우에는 유상양도의 경우보다 이러한 효과가 커지게 된다.

셋째, 무상이전시점에서 양도소득세를 매기지 않으므로 자산을 보다 오래 보유하도록 유도하게 된다. 이로 인해 투자 및 판매목적자산의 동결효과를 유상양도의 경우보다 강화시켜 자원배분의 비효율이 커지게 된다.

넷째, 상속세 및 증여세법상의 평가액을 무상이전받은 자산의 실거래 취득가액으로 의제함으로써, 가공의 자본이득에 과세하는 문제가 생길 수 있다. 즉, 무상이전자의 실제 취득가액이 무상이전시점의 평가액보다 크다면 무상이전자와 무상취득자의 총 보유기간동안의 총자본이득보다도 더 많은 양도차익이 산정되어 가공의 자본이득에 과세될 수도 있다.

다섯째, 현행 규정상의 과세공백을 이용한 조세회피를 방지하기 위해 별도의 규정을 둠으로써 조세법규를 복잡하게 만들고 있다. 예를 들면 특수관계자로부터 증여를 받은 후에 양도를 함으로써 조세부담을 줄이는 행위를 막기 위한 규정(소득세법 제101조 제2항 및 제97조 제4항) 등의 특례조항이 추가됨으로써 조세법규가 복잡해지고 있다.

또한 소득세법 제88조 제1항 후문의 부담부증여 규정은 미실현자본이득을 실현된 자본이득으로 간주하는 모순이 발생하고, 법률관계를 증여와 양도로 이중적으로 취급함으로써 조세회피가 가능하게 된다.

이를 개선할 수 있는 방안은 다음과 같다. 첫째, 응능부담의 원칙과 부의 분산에 기여하기 위해서는 상속세를 무상취득자를 납세의무자로 하는 유산취득세형으로 전환하는 입법적 개선이 이루어져야 할 것이다.

한편 유산취득세형으로 하게 될 때에는, 세 부담을 줄이기 위한 위장분할이 발생할 수 있으므로 이를 방지하기 위해 적절한 보완장치를 마련하여야 한다.

둘째, 자산의 무상이전을 양도의 개념에 포함시켜 자산의 무상이전시점에 무상이전자에게 양도소득세를 과세하여야 한다.

무상양도의 경우에는 그 상속이 개시된 날 또는 증여를 받은 날에 권리의 사실상 이전이 있으므로 이 때를 소득의 실현시기로 하여야 한다.

셋째, 상속 또는 증여에 의해 취득한 자산의 취득가액은 상속개시일 또는 증여받은 날의 상속세 및 증여세법상의 평가액이 아닌 시가, 즉 무상이전자의 당해 자산 양도가액으로 하여야 한다.

넷째, 무상이전시점의 무상이전자에 대한 양도소득세의 징수·납부를 확보하기 위해, 상속의 경우는 상속인의 납세의무 승계를, 증여의 경우에는 새로이 수증자의 연대납세의무 등을 규정하여야 한다. 또한 납부유예, 분납 및 물납 등 여러 보완장치를 함께 입법하여야 한다.

다섯째, 자산의 무상이전에 대해서도 그 시점에서 양도소득세를 과세하므로,

소득세법 제101조 제2항의 특수관계자에게 증여한 후에 양도한 경우에 대한 부당행위계산 부인규정 및 같은 법 제97조 제4항의 배우자에게 증여한 후 양도한 경우에 대한 취득가액 소급규정 등이 더 이상 불필요하다. 또한 소득세법 제88조 제1항 후문의 부담부증여의 부담부분을 유상양도로 보아 양도소득세를 과세하는 규정도 불필요하게 된다.

여섯째 기존의 현행 양도소득세제의 틀 안에서 자산의 무상이전에 대해 양도소득세를 과세하면, 자산의 소유자는 무상이전시 양도소득세를 회피하기 위해 보유자산을 양도대상이 아닌 자산으로 변경하려 할 것이다. 그러므로 소액주주의 상장주식, 파생상품 및 서화·골동품 등에 대해 양도소득세를 과세하도록 양도소득 과세대상 자산의 범위를 확충하여야 한다. 이를 위하여 과세대상 자산이란 개인이 소유한 모든 투자 및 판매목적자산으로 한다고 규정하되, 제외되는 자산을 열거하는 규정형식으로 양도소득세제의 입법적 개선이 이루어져야 한다.

한편 과세 관련 문제가 단지 논리로만 해결할 수 없고 해당 국가의 조세환경 및 국민정서 등을 고려해야 한다는 점을 감안할 필요도 있다. 그런데 무상이전자에게 양도소득세를 과세하고 동시에 무상취득자에게 상속세 또는 증여세를 과세하는 것은 세 부담의 측면에서 과중하다는 지적이 있다. 이를 완화하는 방법이 무상이전자의 자본이득에 대한 과세를 무상취득자가 유상양도하는 시점까지 이연하는 취득가액 승계제도이다. 물론 무상이전자에게 양도소득세를 과세하고 무상취득자에게 상속세·증여세를 과세하는 것이 이론적으로는 가장 우수하다. 단지 조세입법이 이론과 현실의 타협의 산물이라는 현실적 제약을 감안하여 차선책으로 취득가액 승계제도를 고려할 필요성은 있다고 생각한다.

2. 조세법상 물납제도에 관한 연구 :
상속세 및 증여세를 중심으로

김태완[*]

조세의 납부형태는 화폐제도의 발달 정도에 따라 변화되어 왔는 바, 화폐경제가 확립된 현대에서는 조세징수 및 재정집행의 효율성을 확보하기 위하여 금전납부를 원칙으로 삼고 있다. 그러나 일시적인 거액의 조세부담이 발생한 납세의무자에게 금전납부의 원칙을 고수한다면, 납세의무자는 조세채무를 이행하는 과정에서 유동성의 부족에 따른 어려움을 겪게 된다. 이 점을 고려하여 조세법에서는 일정한 요건을 충족하는 경우에 금전납부의 원칙을 완화하여 금전과 등가인 다른 재산으로 납부할 수 있도록 하는 물납제도를 허용하고 있다.

현행 조세법상 물납이 허용되는 조세로서는 상속세 및 증여세, 법인세, 양도소득에 대한 소득세(양도소득세), 종합부동산세, 재산세 등이 있다. 최근에는 창업 제1세대의 은퇴, 금융자산에 대한 선호의 증가 등에 따른 물납제도에 대한 관심 증가 및 비상장주식에 의한 급격한 물납의 증가에 따라 물납제도에 관하

---

[*] 강릉원주대학교 교수

여 현실적인 문제점이 나타났다. 이를테면 현행 조세법상 물납규정의 미비점과 관계당국의 관리ㆍ처분의 미흡 등으로 인한 국고손실, 물납 이행자와 현금 납부자와의 형평성 침해, 부의 변칙적인 이전 수단으로 물납이 악용되는 등이 물납제도와 관련하여 제기되는 몇 가지 문제점인 것이다.

과세당국은 이러한 폐단을 해결하고 물납제도를 활성화하기 위하여 여러 차례 '상속세 및 증여세법'을 개정하였으나, 아직까지도 비상장주식의 물납대상 재산에서의 제외 여부와 공매가액의 시가 인정 여부 등에 대하여는 계속적인 논쟁이 일고 있다. 이러한 논쟁은 물납제도를 전체적인 틀에서 이론적인 관점에서 접근하기 보다는 주로 당장에 제기된 문제의 임시변통적인 해결과 정책적인 관점만을 고려하여 법률개정이 이루어졌기 때문이라는 비판이 있다. 그러나 전체적으로 보아 지금까지 우리나라에서 물납제도에 관한 실질적인 연구가 거의 전무하다고 할 수 있을 정도로 미미한 수준에 머물고 있다.

이와 같은 상황을 고려하여 본 논문에 있어서는 현행 물납제도와 관련하여 제기되는 문제점을 '상속세 및 증여세법'을 중심으로 검토하여 물납제도에 관한 법적 재정비의 필요성을 논의하고 그 보완책을 모색하는 데에 중점을 두었다. 즉 본 연구의 범위는 현행법인 '상속세 및 증여세법' 상의 물납절차를 물납의 선택단계, 물납의 신청ㆍ허가단계, 물납의 수납단계, 사후관리단계로 구분하여 그 일련의 절차에 관하여 고찰하였다.

연구방법으로서는 문헌연구방법을 택하기로 하였으며, 따라서 물납제도에 관한 기존의 저술과 논문 및 판례 등의 각종 문헌을 검토ㆍ분석하였다. 그리고 입법적 시사점을 얻기 위하여 일본의 물납제도와 미국의 조세납부방법에 대하여 비교ㆍ분석하였으며, 영국ㆍ독일ㆍ프랑스의 조세납부방식을 간략히 소개하면서 입법정책적 시사점을 탐색하고자 하였다.

이상과 같은 연구의 결과 본 논문에서 현행 조세법상 물납제도에 관하여 지적하고자 하는 문제점과 그 개선방안의 골자는 대체로 다음과 같다.

첫째, 물납제도는 조세부담의 일시성과 거액성이 충족되어야 한다. 그런데 물납제도가 허용되기 위한 전제조건에 해당하는 조세부담의 일시성과 거액성은 상속세 및 증여세를 제외하고는 충족하고 있지 못한 실정이다. 따라서 단기적으로는 현행 조세법상에서 물납의 개념을 명확히 규정하고, 장기적으로는 상속세 및 증여세를 제외한 법인세, 소득세, 재산세, 종합부동산세의 물납제도는 이를 축소하거나 폐지하는 것이 타당할 것으로 본다.

둘째, 조세납부의 완화규정에 해당하는 연부연납 및 납부기한의 연장과 물납과의 관계를 고려하여 조세채무를 이행함에 있어 이들 양자가 연계되는 서로 유기적인 관계를 재정립하여야 한다. 예컨대 물납과 연부연납은 현재 수평적 선택 관계에 있으나 금전납부에 해당하는 연부연납이 물납보다 우선적으로 적용되어야 하는 순차적 관계가 바람직하다고 본다. 그리고 현행 납부기한의 연장 사유는 매우 특수한 경우로 한정되어 있어 일반적인 납세의무자로서는 그 활용이 쉽지 않기 때문에 납부기한의 연장 사유에 물납요건이 충족되는 경우를 포함시켜야 한다.

셋째, 물납의 허가기준이 조세부담의 수준과 과세대상의 구성으로 판단되고 있어 획일적이고 형식적이라는 비판이 제기될 수 있다. 따라서 금전납부의 곤란성을 판단하는 기준으로 물납허가시점에 납세의무자가 보유하고 있는 금전재산과 향후의 수입, 기본적인 생활비와 사업 운영자금 등과 같은 금전능력을 고려하여 실질적으로 금전납부가 곤란한 납세의무자에게 물납이 적용될 수 있도록 하여야 한다. 또한 당해 금전납부의 곤란성 기준을 구체화하여 물납허가의 한도액을 정확히 산출하는 것이 필요하다.

넷째, 물납대상재산의 범위에 선박 등 동산과 예술품 및 문화재를 포함시켜야 한다. 상속재산 또는 증여재산 중 선박 등 동산이 포함되어 있을 경우에는 납세의무자의 편의를 위하여 이를 물납대상재산에 포함하여야 하고, 예술품 및 문화재 등도 문화재의 보호 및 양성화, 유통구조의 개선 등을 위하여 물납대상 재산에 포함되는 것이 필요하다. 비상장주식의 물납대상재산에 대한 포함 여부에 관하여는 비상장주식을 물납대상재산에서 제외한다면 선의의 납세의무자의 재산권 및 권리를 침해할 소지가 있다는 문제가 대두한다. 따라서 비상장주식의 물납은 허용하되, 현행 조세법에서 물납요건의 구체화, 비상장주식에 관한 관리ㆍ처분기준의 명확화, 비상장주식 평가방법의 개선, 비상장주식의 공매를 위한 정보시스템의 보완 등과 같은 보완 장치를 마련하는 것이 적절하다고 본다.

다섯째, 물납대상재산의 관리ㆍ처분기준을 명확히 하여야 한다. 현행 '상속세 및 증여세법'에 규정된 관리ㆍ처분기준은 예시적인 것이므로 매우 미흡한 수준에 있다. 이로 인하여 납세의무자와 과세당국 사이의 마찰이 계속되고 있어 관리ㆍ처분기준에 대한 구체적인 규정이 시급한 실정이다. 지금까지 과세당국은 이러한 구체적인 기준을 마련하는 데에 소극적이었지만, 이 관리ㆍ처분기준에 대한 예측가능성이 확보될 수 있도록 명확하게 규정함으로써 과세관청이 물납허가를 시행함에 있어 확실한 판단을 할 수 있도록 하여야 한다. 또한 비상장주식의 관리ㆍ처분기준은 해당 자산이 지니는 특성인 정보의 불균형과 해당 자산에 대한 불확실성 등을 감안할 때 실적기준을 포함하여 엄격한 제한이 필요하다고 본다.

여섯째, 물납재산의 수납가액에서 물납재산의 가액이 현저하게 하락하는 경우 뿐만 아니라 상승하는 경우도 수납가액 산정시에 고려되어야 한다. 물납대상재산의 가액이 하락할 경우에만 수납가액을 변경할 수 있도록 한다면, 과세당국의 징수 측면에서는 유리하나 납세의무자의 입장에서는 재산권이 침해될 소지가 있다. 또한 변동 폭의 50% 설정은 일반적이지 못하며, 현행 조세법 하에서 현저한 가액의 차이로서는 법인세법의 간주기부금 규정과 '상속세 및 증여세법'의 고가양수 · 저가양도의 30%로 동일하게 축소하는 것이 국고 손실과 납세의무자의 권익 측면에서 바람직하다.

일곱째, 비상장주식의 공매가액 시가인정 여부에 대한 검토를 한 결과 다음과 같은 결론을 얻었다. 즉 비상장주식의 공매가액은 경매, 수용의 경우를 같이 취급하여야 한다는 점과 현재 공매 받은 자가 상속인 등 특수관계인이거나 특수관계인 등이 아니더라도 소액주주지분에 상당하는 수량으로 거래하는 경우와 수의계약으로 경매 · 공매 받은 경우에도 시가로 인정할 수 있는 여지를 남겨두어야 한다. 다만, 공매가격의 조작은 조세포탈과 입증절차로 일부 해결이 가능할 것으로 보인다.

여덟째, 현행 물납제도를 보완하기 위한 장치로서는 물납재산의 매각의뢰제도, 취득원가 계산의 특례, 조건부 허가 및 조치 명령제도, 물납철회제도 등이 있다. 매각의뢰제도는 현재 양도소득세의 1세대 1주택의 특례 등 비과세 및 중과세 제외요건으로 시행되고 있으며 과거 구토지초과이득세법에서 규정하고 있던 것으로서 물납요건이 충족될 경우 매각의뢰를 할 수 있는 입법 장치가 필요하다. 또한 조건부 허가 및 조치명령제도, 물납철회제도 등의 물납제도를 보완할 수 있는 장치를 도입하여 납세의무자의 편의를 제공하고 조세징수권을 확보하여야 할 필요성이 있다.

3. 의료법인의 과세제도 개선에 관한 연구

허원*

현행 「의료법」에서는 주식회사처럼 일반 투자자로부터 자본을 조달하여 병원을 설립·운영하고 수익금을 투자자에게 돌려주는 형태의 영리의료법인 개설이 허용되지 않는다. 그러나 최근 학계와 실무계에서는 영리의료법인의 도입 여부 및 도입 형태에 대한 논의가 계속되고 있다. 이러한 새로운 형태의 의료기관 도입논의를 계기로 현행 의료법인에 대한 과세제도를 분석하고 그 문제점과 개선방안을 제시하는데 본 논문의 목적이 있다. 본 논문에서는 의료법인 과세제도에 대한 이론적 고찰, 현행 세법상 과세제도, 미국의 과세제도, 비영리의료법인과 영리의료기관(개인 병·의원을 포함)의 과세상 문제점과 개선방안을 살펴보았다.

본 논문에서는 의료기관을 법인격 유무에 따라 개인 병·의원과 비영리의료법인으로 구분하였다. 세법에서 말하는 의료법인의 개설주체는 「의료법」상 의료법인뿐만 아니라 학교법인, 종교법인, 사회복지법인 그리고 이러한 법인 이

---

* 고려사이버대학교 교수

외의 사단법인, 재단법인 등이 될 수 있다. 비영리의료법인은 비영리법인의 일종이다. 비영리법인에 대해 영리법인과 동일하게 완전과세 하는 것이나 영리법인과 달리 완전면세 하는 것 모두 이론적으로 한계가 존재한다. 결국 양 극단의 방식을 절충하는 부분면세이론을 채택하는 것이 바람직하다. 그런데 현행 세법 체계와 같이 비영리의료법인이 비영리법인에 해당하면서 동시에 공익법인으로 인정되어 과세되는 것은 바람직하지 않다. 이러한 과세는 개별 비영리의료법인의 특성을 고려하지 않고 일률적으로 의료법인의 공익성을 인정하는 것이기 때문이다. 비영리의료법인의 경우 공익성을 기준으로 부분면세 또는 부분과세가 인정되어야 한다.

이러한 비영리의료법인 과세제도에는 비영리의료법인과 일반비영리법인 간, 그리고 비영리의료법인 개설주체 간 과세상 차별의 불합리성과 우회적인 이익분배 통제의 어려움 등이 문제점으로 존재한다. 이에 대한 개선방안은 비영리공익법인제도를 도입하는 것을 전제로 하는 경우와 도입하지 않는 것을 전제로 하는 경우에 따라 다르게 나타날 수 있다.

비영리공익법인제도가 도입되는 경우 미국식 공익성 기준에 따라 비영리이면서 공익성을 갖는 의료법인을 판단하여 합리적인 차별에 의한 과세혜택 부여가 가능할 것이다. 미국식 공익성 기준에 부합되는지를 판단하기 위한 절차로는 가장 먼저 해당 의료법인이 비영리조직인지를 판단한 후 그 조직의 사업이 공익적 목적이 있는 것인지를 판단한다. 이 과정을 통해 과세혜택을 받을 수 있는 일차적인 자격을 부여받게 되고 이후 계속적인 관리 · 감독을 통해 영리추구 등 제한되는 활동을 하는 경우 과세혜택의 자격이 취소되거나 일부 과세되는 방식을 적용받게 된다. 공익성이 인정되는 비영리공익의료법인은 제한 없는 고유목적사업준비금 설정을 통해 과세상 혜택을 누리고, 공익성이 인정되지 않는 비영리비공익의료법인은 영리법인과 유사한 소득과세의 적용을 받게 된다. 비영리비공익의료법인의 경우 고유목적사업으로 인한 소득과 수익사업으로 인한 소득을 구분하는 비영리법인의 과세체계가 적용될 수는 있지만 실제 공익성이 부정되는 경우 고유목적사업으로 인한 소득이라는 것이 인정되지 않으므로, 각 사업연도의 소득에 있어서는 영리법인과 동일하게 과세된다. 다만 비영리비공익법인이라 하더라도 그 개념정의상 청산 시 구성원에게 잔여재산을 분배할 수 없고 국고 등에 귀속되므로 영리법인과 달리 청산소득에 대해서는 과세되지 않는다는 점에서 소득과세에 있어 영리법인과 항상 동일하게 과세되는 것은 아니다.

비영리공익의료법인 제도를 도입하지 않는다는 것은 결국 현행 비영리법인 일반에 대한 소득과세체계를 그대로 유지하는 것을 의미한다. 현행 비영리법인 소득과세체계하에서 비영리의료법인과 일반비영리법인 간, 그리고 비영리의료법인 간 불합리한 과세상 차별을 해소하는 방안은 결국 다르게 취급할 합리적인 이유가 없는 차별을 없애고 이들을 동일하게 과세하는 방법이다. 비영리의료법인의 경우 일반비영리법인과 달리 고유목적사업준비금 사용이 제한된다는 불합리한 과세상 차별이 존재한다. 이를 근본적으로 해소하기 위해서는 의료법인을 공익목적의 정도에 따라 구분하여 과세상 달리 취급하는 방식을 적용하는 것이 합리적이다. 이 방안은 비영리공익의료법인 제도를 통한 비영리법인 소득과세체계의 변경을 의미한다. 비영리의료법인 간 과세상 차별은 비영리의료법인들이 모두 동일한 의료업을 영위한다는 점에서 「소득세법」, 「법인세법」, 「조세특례제한법」상 동일한 지위를 부여하는 것이 타당하다.

비영리의료법인과 일반비영리법인 간 불합리한 과세상 차별을 해소하는 방법의 하나로 비영리의료법인에 대한 소득과세 시 의료업을 수익사업이 아닌 고유목적사업으로 인정해 주는 방법을 생각해 볼 수 있다. 그러나 이는 동일한 의료업을 영위하는 영리의료기관과의 형평을 해치는 또 다른 문제를 가져오게 된다. 이러한 문제를 유발하지 않으면서 비영리의료법인과 일반비영리법인 간 소득과세상 차별을 해소하는 합리적인 방법은 근본적으로 의료법인을 공익목적의 정도에 따라 구분하여 과세상 달리 취급하는 방식이다.

기부금 분류 및 소득공제(또는 손금산입)한도 차별의 해결방안은 기부금제도 자체의 변화를 통해 비영리의료법인 뿐만 아니라 비영리법인 간 과세상 차별을 해소하는 방안이 될 수 있다. 비영리의료법인의 개설주체별 기부금의 분류자체가 다른 것을 동일하게 하는 방법이 제시될 수 있다. 근본적으로는 기부금 분류의 일반 규정이 공익성을 기준으로 이원화되는 방안도 생각할 수 있다.

비영리의료법인의 또 다른 문제점인 우회적 이익분배를 제한하는 방법으로는 상여금 자체를 통제하는 방안, 회계를 투명하게 하는 방안 등이 개선방안으로 제시될 수 있다.

영리의료기관과 관련한 문제점과 개선방안은 다음과 같다. 비영리의료법인을 영리의료법인으로 전환하는 경우, 영리의료법인이 비영리의료법인의 잔여재산을 취득하는 단계에 대한 과세상 별도의 특례가 마련되지 않는다면 취득세 및 등록세 부담이 큰 우리나라 과세제도하에서 이는 사실상의 제한으로 작용한다. 현행 「의료법」상 허용되지 않는 의료법인의 합병의 경우도 만약 합병이 법개정을 통해 허용된다고 하더라도, 합병에 따른 과세이연의 효과를 특별히 규정하지 않는 한 합병 시 과세부담이 의료법인 간 합병에 장애가 될 것이다. 비영리의료법인의 영리의료법인 전환 시 이러한 과세문제를 해결하지 아니하면 사실상 전환이 이루어지기 어렵다.

개인의료사업자의 영리의료법인 전환 시 과세문제와 관련해서는 영리의료법인에 대한 「조세특례제한법」상 동업기업과세제도의 적용이 논란이 될 수 있다. 유한회사형태의 영리의료법인에 대해서는 동 법인이 의사 등 의료전문가의 인적용역제공이 주된 수입원이 될 법인이라면 회계법인, 법무법인, 세무법인 등과 달리 취급할 필요는 없다. 따라서 유한회사의 형태인 영리의료법인에게는 동업기업과세제도를 허용하는 것이 타당하다.

이와 같이 본 논문에서는 의료법인 전반에 대한 과세제도의 기본틀과 개정 방안을 제시하려 했다. 이러한 연구는 영리의료법인제도의 도입에 따른 문제와 기존 비영리의료법인 자체의 문제 등을 토대로 비영리의료법인과 영리의료법인 간 관련된 과세상 문제점을 적시하고 나름의 방안을 제시한다는 점에서 의의가 있다. 그런데 의료법인제도의 운영은 단순히 과세상 문제점의 해결만으로 바람직한 제도운영을 가져오는 것은 아니다. 영리의료법인 제도가 바람직한 것인지, 그리고 의료용역의 제공시 의료수가(결국 의료보험체계)는 어떻게 운영할 것인지 등의 문제도 함께 연계되어야 완결적인 의료법인의 바람직한 운영의 모습이 제시될 수 있다. 또한 본 논문에서 주장한 비영리공익의료법인 제도의 도입과 이에 따른 공익성 기준의 제시는 기존 비영리법인 제도 운영의 큰 변화를 의미하는 것으로, 과세행정상 비영리의료법인에 대한 지속적이고 효율적인 관리ㆍ감독이 이루어져야 제도 도입의 실효성을 담보 받을 수 있다.

4. 양도소득세가 주택가격에 미친 효과 분석 및 향후 개편방안에 관한 연구

서대원*

　우리나라는 1960년대와 1970년대를 지나면서 경제개발 5개년 계획의 성공적 추진을 계기로 급속도로 공업화·도시화를 경험하였다. 이 과정에서 농촌인구의 도시유입과 출산증가로 서울 등 대도시를 중심으로 인구 집중이 이루어지면서 1970년대 말부터 주택부족이 사회문제로 대두되었다. 도시의 한정된 생활공간에 갑작스런 인구증가는 주택수급의 불균형을 초래했으며, 그 결과 주택가격이 1970년대 말부터 상승하기 시작했다.

　1980년대 상반기 정부의 규제정책 덕택으로 주택가격은 안정세를 회복했으나 1980년대 말부터 경기활황으로 다시 상승세를 시현했다. 정부는 다시 규제를 강화했고, 그 결과 1990년대 상반기 들어 안정을 되찾았다. 1997년 외환위기가 닥치면서 경제는 침체되었고, 주택가격도 급격한 하락세를 보였다. 정부는 경기부양을 위해 적극 지원과 함께 각종 규제를 완화했으며, 2000년대 초반

---

*　전 국세청 차장

경기가 회복되고 주택가격도 안정세를 되찾았다.

2001년 말부터는 서울 강남지역을 중심으로 주택가격 상승조짐이 다시 보이기 시작하여 점차 수도권으로 확산되었다. 이에 정부는 가격안정을 위해 각종 정책수단을 강구했으나 상승세는 지속되었다. 2008년 세계금융위기의 여파로 상승세가 멈추었으며, 계속된 경기침체에 따라 하락세로 반전되고 있다. 이제 정부는 경기부양을 위해 각종 규제를 완화하고 있다.

주택가격은 1975년 이후 현재(2012년)까지 각각 3차례에 걸쳐 급격한 상승세와 안정(하락)세를 시현했다. 상승세는 1970년대 말부터 3~4년간, 1988년 말부터 3~4년간, 2001년 말부터 7~8년간 3차례였다. 이 과정에서 특히 문제된 것은 주택투기로, 당초 개발예정지를 둘러싸고 시작된 부동산 투기가 1970년대 말부터 주택으로까지 확대되었다. 이후 두 차례에 걸친 주택가격 상승기에 투기가 만연하면서 가격상승을 심화시키는 요인으로 작용했다.

정부는 투기를 망국병의 하나로 지목하면서 투기차단을 통한 주택가격 안정을 위해 오랫동안 노력해 왔다. 이 과정에서 정책조세로서 중추적 역할을 해온 것이 양도소득세였다. 양도소득세는 1975년 정식세목으로 도입된 이후 주택시장 안정을 위한 정책조세로서 때로는 투기억제를 위해 때로는 경기부양을 위해 적극 활용되어 왔던 것이다.

정부의 입장에서는 주택가격 안정이 국민의 주거생활에 미치는 영향이 크며, 조세기능이 재정수요조달과 함께 경제정책적 역할도 중요하기 때문에 양도소득세를 정책수단으로 활용해 온 불가피한 측면이 있다고 인정된다. 다만, 오랫동안 정책조세로 활용해온 양도소득세가 정부가 의도한 대로 실제 효과가 있었는지를 검증해 볼 필요는 있다. 이를 통해 향후 양도소득세의 운영방향을 결정해야 할 것이기 때문이다.

이러한 관점에서 본 논문에서 연구자는 1975년부터 2010년까지 약 35년간

주택시장 안정을 위해 정부가 운영해 온 양도소득세의 정책적 효과를 이론 및 실증적 측면에서 분석하고 검증했다.

우선, 이론적 측면에서 양도소득세 운영은 단기적으로는 어느 정도 정책효과가 인정되나 장기적으로는 정책효과가 없었으며, 오히려 가격변동을 심화시켰던 것으로 평가된다. 지난 35년간 주택가격은 세 차례 급등세를 보였고 이를 이어주는 기간은 안정세를 보였는데, 이 과정에서 정부는 대증적(對症的) 정책을 시행했다.

첫째, 1970년대 말부터 주택가격 상승세가 시작되었는데, 정부가 고급주택 비과세 제외, 기본세율 인상 등으로 과세를 강화하자 1980년대 상반기 주택가격은 안정되었다. 이는 부작용도 초래하게 되었는데, 주택경기를 냉각시켜 공급부족을 심화시키고 1980년대 말 경기호황과 결부되면서 가격급등세로 이어지게 된다.

둘째, 1980년대 말의 가격급등세에 정부가 주택공급 확대, 세율인상, 및 비과세범위 축소 등으로 과세를 강화하자 1990년 이후 주택가격은 다시 안정을 회복했다. 1997년 외환위기의 충격으로 가격이 급락하자 이전의 규제강화가 하락을 심화시키는 요인이 되었다.

셋째, 1997년 이후 경기부양을 위해 정부는 주택사업 지원과 함께 세율인하, 비과세·감면확대 등 규제완화 조치를 취했고, 이에 경제가 활력을 되찾고 주택가격도 안정세를 회복했다. 하지만, 이번에도 각종 규제완화가 2003년 이후 가격상승세를 부채질하는 요인이 되었다.

넷째, 2003년 이후 주택가격 급등세에 정부는 10.29 대책 및 8.31 조치를 통해 다주택자 중과세, 비과세 요건강화 및 실거래가액 과세 등으로 과세를 강화했다. 이에 불구하고 가격 급등세는 한동안 지속되었다가 2008년 금융위기 이후 주택가격은 하락세로 반전되었다. 이전에 시행되었던 각종 규제가 오히려

가격하락을 심화시키고 있는 실정이다.

그동안 정부의 양도소득세 정책은 주택가격 변동에 따라 대증요법적(對症療法的)으로 변동해 왔으며, 그 효과를 돌아보면 단기적으로는 주택가격 안정에 기여하였지만 경제국면이 전환되는 경우에는 가격변동을 오히려 심화시킨 것으로 보인다. 즉 경기호황과 주택가격 상승기에 도입된 규제강화정책이 경기가 하향국면으로 전환된 경우에도 영향을 미쳐 가격하락을 가속화시키고, 반면 경기침체기에 도입된 규제완화가 경기가 호황국면에 접어든 경우에 가격상승을 심화시켰다는 것이다.

위의 역사(이론)적 분석은 시계열 데이터를 활용한 실증(통계)분석과 그 결과에 있어 일치한다. 실증분석에 의하면, 양도소득세 실효세율 변동은 유의확률 5% 수준에서 주택가격 변동과 1년의 시차를 갖고 負(-)의 유의한 관계를 갖는 것으로 나타났다. 즉 세율인상, 비과세·감면 축소, 1세대 1주택 비과세 요건강화 등 양도소득세 강화정책이 실효세율을 높이고 주택가격의 상승세를 낮추는 데 기여한 것으로 나타났다. 이러한 실증분석 결과는 이론분석과 같이 주택가격 안정을 위한 정부정책이 단기적으로 효과적임을 의미하는 것이지만, 동시에 경제국면이 바뀌는 경우에는 가격하락을 가속화 시킬 수 있음을 의미한다. 즉 가격상승기에 도입된 규제강화가 경제국면이 전환된 하락기에도 負(-)의 효력을 지속하여 주택가격 하락을 오히려 심화시키고 가격안정을 해칠 수 있다는 것이다.

이와 같은 정부정책의 장기적 효과가 부정적인 이유는 양도소득세 정책수단이 갖는 제도변경에 따른 정책효과가 경기 국면전환 이후에도 지속되기 때문이다. 여기에 정부정책에 수반하는 동결효과와 시차효과까지 감안한다면 단기적 정책효과는 반감되고 장기적으로 가격변동의 악순환에 미치는 부작용은 더욱 클 것으로 판단된다.

앞으로 정부는 주택시장 안정 기능을 시장에 맡기고, 양도소득세제가 자본과세라는 본질에 충실하게 운영할 수 있도록 새로운 시각을 갖고 세제의 기본 틀을 다시 짜야하며, 현행 규정을 합리화하는 작업을 병행해야 한다. 현행 양도소득세 과세체계를 개편함에 있어 자본과세라는 본질적 입장에서 세제를 운영해 온 선진 외국의 사례를 참고할 필요가 있다.

미국, 일본 등 선진외국의 자본이득 과세제도는 기본적으로 일시적 · 우발적 소득에 대한 자본과세란 측면에서 세법을 마련하고 있고, 원칙적으로 모든 자본이득을 과세대상에 포함시키면서 경상소득에 비해 세부담을 완화하며, 특히 주택의 양도소득에 대해서는 특례를 두어 세부담을 더욱 낮추고 있다.

우리의 양도소득세제는 자본과세로서 본연의 기능에 맞게 개편되어야 한다. 이를 위해 선진 외국의 자본이득과세 제도변화의 흐름과 그동안의 선행연구를 참고하여 우리나라의 구체적인 양도소득세 개편방안을 제시하면 다음과 같다.

첫째, 1세대 1주택에 대한 비과세제도는 과세의 형평성을 침해하고, 주택시장의 효율성을 저해하며, 조세회피유인을 제공하여 탈세를 조장하고, 세법체계를 복잡하게 하는 등 문제점이 많으므로 이를 폐지하고 일정한 거주요건 하에 소득공제제도로 전환하는 것이 바람직하다. 이 경우 공제기한을 2년으로 하고, 공제한도금액은 3억원 수준이 적정할 것이다.

둘째, 지난 참여정부에서 투기억제를 위해 도입하여 2012년까지 한시적으로 시행이 보류되고 있는 다주택자 및 비사업용토지에 대한 중과세 규정은 지나치게 세율이 높아 징벌적 성격이 강하고 반시장적이므로 전면 폐지해야 한다.

셋째, 현행 양도소득세제의 세율체계가 매우 복잡한 구조를 이루고 있는데, 이를 단순화해야 한다. 1세대 다주택자에 대한 중과세 규정을 전면 폐지하고, 자본이득의 일종인 양도소득이 통상소득보다 중과되지 않도록 원칙적으로 일반세율을 적용하고 장기거래에 대해서는 낮은 특례세율을 적용하는 것이 타당하다. 주택 외의 부동산이나 주식 등의 양도소득에 대해서도 같은 기준의 통합된 세율체계가 적용되어야 한다.

넷째, 장기보유특별공제는 보유기간 3년 미만인 경우에도 보유기간에 비례하는 공제율을 허용해야 하고, 보유기간 10년 이상인 경우에는 10년 이상과 20년 이상으로 최소 2단계 구간을 설정하여 공제율을 달리해야 한다. 또한 1세대 1주택과 그 외의 경우를 단일 공제율체계로 통합해야 한다.

다섯째, 과세표준 계산에 있어 부동산 등의 양도에서 발생한 양도차익(損)은 주식 등의 양도에서 발생한 양도차익(損)과의 통산을 허용해야 한다. 주택 등 부동산 양도에 따른 결손금도 통상소득의 경우처럼 10년 동안 이월공제를 허용해야 한다.

여섯째, 조세특례제한법상의 감면제도는 지나치게 광범위하게 설정되어 있어 원칙적으로 폐지하되, 꼭 필요한 경우에는 과세이연제도를 활용하는 방안을 강구할 필요성이 있다.

마지막으로 포괄적 소득개념의 관점에서 양도소득세 과세대상을 확대해야 한다. 선진 외국의 경우처럼 서화·골동품부터 파생금융상품 등 금융자산까지 폭넓게 과세대상에 포함시키고 이를 포괄하는 양도소득세 과세체계를 새롭게 짤 필요가 있다.

이상과 같이 향후 개편방안을 마련하고 새롭게 규정을 정비하는 작업은 논점이 많고 이해관계가 많이 대립할 수 있기 때문에 결코 쉬운 일이 아닐 것이다. 장기적인 안목과 지속적인 노력이 필요하다. 이제까지 누적된 이 분야의 선행연구를 바탕으로 선진 외국의 운영사례를 참고하면서 꾸준히 분야별 개편방안을 연구하고 발표해야 한다. 이러한 노력이 집적되는 과정을 통하여 우리나라 양도소득세제는 새로운 입법적 틀로 바뀌어 지고 선진외국처럼 합리적인 세제로 정비가 이루어지게 될 것이다.

5. 국제상속과세제도에 관한 연구 :
상속세조약의 도입을 중심으로

이유진*

　우리나라의 국제상속과세제도는 국내법상 외국세액공제제도가 유일하고 상속세 관련 조세조약은 아직 체결되어 있지 않다. 그러나 국제적으로 학계와 실무계에서 상속세 조약의 도입 필요성에 대한 논의가 있고, 미국 등 선진국은 상당수의 상속세 조약을 체결한 바 있다. 우리나라도 미국, 일본 등 인적, 물적 교류가 많은 나라와의 사이에 상속세의 이중과세 및 이중비과세의 문제가 제기되고 있다. 또한 세계화의 가속화와 정보통신의 발달로 인하여 앞으로 국제상속과세 사안이 증가할 것으로 예상되어 그 대응책의 모색이 필요하다. 본 논문은 이러한 시대적 배경을 감안하여 현행 국제상속과세제도의 현황과 문제점을 살피고 이러한 문제점 해결을 위하여 상속세 조약 도입을 제안하면서 구체적인 조세조약의 내용과 그 예상효과에 대하여 검토함으로써 국제상속과세 분야의 이중과세 및 이중비과세의 문제에 대한 실질적인 해결책을 제시하는 것을 목적

---

* 전 검사

으로 한다. 본 논문에서는 먼저 국제상속과세에 관한 이론적 고찰, 국내세법에 의한 국제상속 이중과세 조정방법 현황과 문제점, 조세조약에 의한 국제상속 이중과세 조정방법을 살펴본 후, 우리나라의 상속세 조약 도입 여부와 그 제안 내용, 예상효과에 대하여 살펴보았다.

국가별 상속세제의 형태를 살펴보면 그 기본적인 과세 방식에서도 유산세 혹은 유산취득세별 차이가 있고, 과세권의 기초도 거주지, 재산소재지, 국적 등 다양하고 각 항목별 구체적 기준도 차이가 있어, 무제한 납세의무간의 중첩, 무제한 납세의무와 제한 납세의무간의 중첩, 제한 납세의무간의 중첩 등 하나의 경제적 사건에 대하여 둘 또는 그 이상의 국가의 상속세 과세권이 중첩되는 결과가 나타난다.

우리나라와 다수국이 채택하고 있는 국내세법상 국제상속 이중과세 조정방법은 크게 면제법과 세액공제법으로 나누어 볼 수 있는데, 대부분의 나라가 세액공제법을 채택하고 있다. 그런데 세액공제 규정을 실제로 다른 국가와의 사이에 적용시 해당되는 외국 조세의 범위가 명확하지 않은 점을 비롯하여 규정의 해석상 난점이 있다. 또한 국제 상속의 상황에서는 국가간 상속세제의 차이, 특히 외국세액공제제도의 세부적인 내용의 차이로 인하여 이중과세나 이중비과세되는 경우가 발생한다. 이러한 이중과세나 이중비과세의 문제는 기본적으로 국가간 상속세제의 차이로 인하여 발생하는 것이므로 국내법상 차이를 조정하는 방법인 조약의 체결로써 해결할 수 있다.

상속세 분야의 주요한 조약으로는 1982년 공표된 OECD 모델 상속세 조약과 1980년 공표된 미국 모델 상속세 조약을 들 수 있다. 두 모델 조약은 공히 조약상 거주지 조항을 통하여 국내법에 기해 양국이 모두 거주지가 되는 경우에 되도록 하나의 나라를 거주지로 정하여 과세권의 중첩을 줄이고 양국간 공통된 외국세액공제 조항으로서 이중과세의 부담을 없애는 내용을 제안하고 있다. 또한 과세권의 배분에 있어서는 부동산이나 고정사업장의 사업상 재산에 대하여는 재산소재지국에, 다른 재산에 대하여는 거주지국에 과세우 선권을 줌으로써 양국 과세권의 충돌로 인한 납세자의 과도한 상속세 부담을 줄이고 있다.

미국의 경우는 총 15개국과 유효한 상속세 조약을 두고 있는데, 재산의 유형 별로 재산의 소재지를 체약국 중 한 곳으로 정하는 형식의 소위 '재산소재지형 조약과 거주지를 체약국 중 한 곳으로 정하는 형식의 소위 '거주지형 조약'으 로 분류할 수 있다. 또한, 미국은 상속세를 폐지하였으나 사망시에 자본이득과 세 형식으로 과세하는 캐나다와 경제적인 관점에서의 이중과세 문제를 다룬 소 득세 조약 의정서를 체결하였다. 미국의 경우는 조약에 소위 '유보조항'을 두어 서 국적에 기반한 자국의 국내법상 과세기준을 조약에 반영한 점이 특징이다.

국제적으로 상속세 조약 체결 필요성에 대한 논의가 있으나, 상속세의 세수 가 소득세에 비하여 적고 상속세의 특성상 국가간 제도 차이가 커서 조율하기 가 어렵다는 이유로 상속세 조약 체결수는 아직 많지 않다. 그러나 국내법의 개 정만으로는 다수국과의 국내법의 충돌로 인한 복잡하고 다양한 이중과세 및 이 중비과세의 문제에 대하여 효과적으로 대응하기가 어렵고, 상속세는 한 개인의 일생동안 축적된 재산에 대하여 일시에 과세하는 것으로서 이중과세 및 이중비 과세의 문제가 발생할 경우에 그 부정적 효과가 지대한 점을 감안하면, 적어도 미국, 일본 등 우리나라와 인적, 물적 교류가 많은 나라와의 사이에는 상속세 조약 체결이 필요한 상황이라고 하겠다.

우리나라와 미국의 경우 국적에 기반한 미국의 광범위한 과세권 규정으로 인하여 넓은 범위에서 과세권의 중첩이 나타나고 있다. 무제한 납세의무간의 중첩은 과세상 거주지를 정함으로써, 무제한 납세의무와 제한 납세의무의 중첩 이나 제한 납세의무간의 중첩은 재산유형에 따라 재산소재지국와 거주지국 중

어느 하나의 나라에 과세우선권을 부여함으로써 해결할 수 있다. 미국과 조약을 체결한다면, 그 내용은 OECD 모델 상속세 조약 및 미국 상속세 조약의 기본 틀에 기초하여 조약상 거주지를 한 곳으로 정하고, 부동산이나 고정사업장의 사업용 재산 등 재산소재지와의 관련성이 큰 재산에 대하여는 재산소재지국에서 과세하고 다른 재산은 거주지국에서 과세하는 방식을 채택하는 것이 타당하다고 본다. 다만, 미국의 경우에는 국내법상 국적에 기반한 과세를 하고 있어 이러한 규정이 없는 우리나라와의 사이에 구체적으로 어느 범위에서 미국의 국적 기반 과세를 허용할 것인지가 문제된다. 미국과 다른 나라의 조약례를 통하여 살펴보면 각국의 국내법과 사회경제적 상황에 따라 다양한 형태로 국적 기반 과세를 상속세 조약에 반영한 것을 알 수 있다. 우리나라와 미국의 경우 양국에서 모두 거주자가 되는 경우에 국적을 거주지 판정 기준에 반영하는 것을 제안한다.

우리나라와 일본의 경우 국내법 규정이 미국에 비하여는 유사한 편이지만, 일본도 최근 국적에 기반한 과세조항을 도입하여 과세권의 범위가 확장되었으므로 이에 대한 대비가 필요하다. 기존에 일본이 체결한 유일한 상속세 조약인 미국-일본 상속세 조약은 재산소재지형의 조약이다. 그런데 우리나라와 일본은 국내법상 재산소재지 규정이 유사하여 재산유형별로 소재지를 정하는 내용의 재산소재지형 조약의 효용은 크지 않다. 또한 재산소재지형 조약보다는 거주지형 조약이 이중과세와 이중비과세 방지에 더 효율적인 방식으로 여겨져 OECD 모델 상속세 조약도 거주지형 조약의 형식을 채택하고 있다. 따라서 우리나라와 일본도 OECD 모델 상속세 조약에 기반한 거주지형 조약을 도입하되, 우리나라는 피상속인의 주소를 기준으로, 일본은 상속인의 주소를 기준으로 과세하는 차이를 고려하여 조약안을 구상할 필요가 있다. 또한, 현재 우리나라와 일본은 공통적으로 제한적인 채무공제 규정으로 인한 이중과세 위험이 높으므로 조약에서는 이를 조정하는 규정을 두고, 양국의 거주자에게 허용하는 다양한 공제와 면제혜택도 상호주의에 입각하여 상대방국 거주자에게 일부 허용하는 협의를 하여 국제상속과세시 과도한 납세부담을 줄여 줄 필요가 있다.

6. 신탁세제에 대한 연구 : 납세의무자를 중심으로

한원식*

신탁제도는 수탁자로 하여금 수익자를 위하여 재산을 관리 · 운용하는 제도로서 위탁자와 수탁자간의 신탁계약 및 위탁자의 재산이전으로 신탁이 성립하지만, 신탁 성립이후에는 수탁자와 수익자간의 관계가 된다. 신탁재산은 수익자를 위하여 수탁자 명의로 이전되지만, 수탁자의 소유권은 명의신탁이나 위탁매매 등 기존의 제도와는 다른 특수성이 있다. 신탁재산의 대내 · 외적 소유권은 완전하게 수탁자에게 이전되어 수탁자의 법률행위로 인한 결과는 수탁자에게 직접적으로 귀속되고, 신탁재산은 위탁자, 수탁자 및 수탁자의 채권자, 수익자로부터 독립되어 있고 수탁자의 고유재산과 구분되어 별개의 것으로 취급되어야 하는 독립성이 있다. 수탁자의 신탁재산에 대한 완전한 소유권과 신탁재산의 독립성은 모두 수익자의 이익에 제한되는 한계가 있다. 신탁법은 그 동안 신탁구조의 특수성과 현행 법체계와의 정합성을 설명하기 위한 많은 시도가 있었다. 신탁재산을 신탁당사자의 어느 쪽으로부터도 독립한 별도의 주체로 보는

---

* 공인회계사

실질적법주체성설, 수익자가 신탁재산의 소유권자로 보는 물권설, 신탁재산은 수탁자에게 귀속되고 수익자는 신탁재산 및 수익에 대한 채권을 가진 것으로 보는 채권설 등이 대표적인 학설인데, 현행 신탁법은 특정 학설의 입장을 취하여 규정하고 있지는 않다.

신탁제도는 현행 제도로 설명되지 않는 특수성이 있지만, 신탁재산의 독립성, 수탁자의 신탁재산에 대한 법률적 소유권과 수익자에 의한 실질적인 소유권의 구분, 신탁재산과 수익권의 구분, 동일한 신탁재산에 대한 수익권리자 수의 조정 등 신탁의 전환기능으로 인하여 일반 사법 영역에서 많이 활용되고 있다. 여기에 2012.7월부터 전면 개정된 신탁법이 시행되었는데, 개정 신탁법에서는 신탁을 이용한 자금 조달의 용이하게 할 목적으로 유한책임신탁, 수익증권발행신탁, 신탁사채제도를 도입하였고, 자산관리의 다양성 및 편의성 증대를 위하여 유언대용신탁, 수익자연속신탁 도입하는 등 신탁을 활성화시키기 위하여 다양한 신탁을 활용할 수 있도록 하였다.

신탁세제에 대한 어려움은 신탁재산에 대한 소유권 구분과 신탁재산과 구분된 별도의 수익권 창출과 같은 신탁에 고유하게 내재되어 있는 특징에 있다. 본 논문은 사회 · 경제적으로 신탁제도를 둘러싼 환경이 변경된 시점에 현행 세법의 신탁관련 규정이 변화된 신탁제도에 부합하는지를 납세의무자 중심으로 연구하였다. 신탁세제는 신탁법의 철저한 연구에 근거하여 입법되어야 할 것이므로 신탁법에 대하여 연구하였고, 외국의 입법례는 신탁제도가 발전한 미국과 2005년 신탁법이 개정되었고 그에 따라 신탁세제도 개정된 일본의 신탁세제를 비교법 차원에서 연구하였다. 특히, 미국 신탁세제에서는 신탁소득에 대한 납세의무자 규정의 연혁적 변천을 연구하여 어떻게 현행 규정에 이르게 되었는지를 연구하였다.

신탁과세이론은 신탁을 별도의 납세의무자로 보아 과세하는 신탁실체이론과 신탁이 존재하지 않은 것으로 보아 수익자에게 과세하는 신탁도관이론이 대립하고 있다. 우리나라의 신탁세제는 신탁도관이론에 근거하여 신탁이 아예 없었던 것으로 보아 신탁에서 발생한 소득은 그 소득종류 그대로 수익자에게 귀속된 것으로 보아 과세하도록 규정하고 있다. 본 연구는 신탁소득에 대한 적절한 납세의무자를 제시하기 위하여 근본적으로 새롭게 접근하여 신탁의 각 당사자별로 납세의무자 적격성을 연구하였다.

그 결과 본 논문에서는 실질과세원칙 및 신탁도관이론에 근거하여 신탁소득에 대한 납세의무자는 수익자가 되어야 하나, 수익자가 존재하지 않는 경우 및 수익자 지정 유보부 신탁 등에서 수익자 과세 불가능 및 위탁자 과세의 이론적 근거가 없는 점, 수탁자의 재량에 의해 수익자에게 신탁소득 지급을 유보할 경우 수익자의 소득세 납부이행에 어려움이 발생하는 점, 신탁소득 안분을 통한 누진세율 회피 및 수익자과세제도를 이용한 법인 및 주주단계 이중과세 회피 등 신탁을 이용한 조세회피가 가능한 점, 법인과세제도와 조세중립성을 위해서는 신탁실체이론에 근거하여 신탁을 별도의 납세의무자로 보는 방안을 제시하였다. 다만, 하나의 신탁소득에 대하여 수익자와 신탁이 모두 납세의무자가 되는 것은 문제점이 있고, 이중과세가 되는 것이어서, 원칙적으로 신탁을 납세의무자로 하되 신탁이 신탁소득을 수익자에게 분배하는 경우 동 분배금을 신탁소득 계산 시 공제할 것을 제시하였다. 신탁을 별도의 주체로 보는 견해는 신탁재산을 위탁자, 수탁자, 수익자 및 수탁자의 채권자와 구분된 것으로 보는 신탁의 독립성, 신탁구조를 독립된 주체로 설명하려는 실질적법주체성설 등의 신탁법상의 제반 이론에 바탕을 두고 있으며, 신탁과세이론 중에는 신탁실체이론에 근거를 두고 있다.

신탁을 별도의 납세의무자로 볼 경우 신탁을 개인 또는 법인으로 규정하여야 할 것이다. 미국의 경우 신탁을 기본적으로 개인으로 보되 수익자가 여러 명이고 신탁이 영리를 추구하는 경우에는 신탁을 법인 또는 파트너쉽으로 보나 일본의 경우 일정한 요건을 충족하는 신탁에 대해서는 법인으로 분류하고 있다. 일본은 상사신탁 위주로 발전하였고 미국은 민사신탁 위주로 반전하여 신탁환경이 서로 다르나, 최근의 신탁환경은 상사신탁을 중심으로 법인과 경쟁관계로 변화하고 있고, 일반 사법에서 동일한 기능을 수행하는 제도에 대해서는 조세중립성·조세공평 관점에서 동일하게 과세취급하고, 우리나라의 세법은 개인과 법인으로 나누고 있는 점을 고려하여 법인으로 분류할 것을 제시하였다. 신탁은 법인격이 없어 개인과 법인으로 구분하여 소득세와 법인세를 과세하는 현행 법체계에 맞지 않는다는 주장이 있을 수 있으나, 이미 국세기본법에서는 법인격이 없는 단체에 대하여 법인으로 과세분류하고 있고, 법인과세제도 자체가 이론적근거가 없는 것인 점, 미국에서 법인을 별도의 주체로 분류하여 법인단계에서 법인세를 과세하고 주주단계에서 배당소득세를 과세하게된 배경도 법인제도가 수행하는 사회·경제적 기능에 근거하고 있는 점을 고려할 때, 타당하지 않다.

상증법에서는 타익신탁의 수익자에게 신탁이익에 대한 권리를 증여받은 것으로 보아 증여세를 과세하여 신탁소득에 대한 증여세와 소득세의 이중과세 논쟁이 발생하나, 과세관청의 해석론은 이중과세가 아닌 것으로 보고 있다. 본 연구는 증여세와 소득세의 납세의무자가 수익자로 동일하고, 신탁소득이라는 동일한 담세력을 원인으로 하고 있으므로 이중과세에 해당하고 따라서 상증법 제2조 제2항에 따라 소득세만 과세할 수 있는 것으로 보았다. 타익신탁에서 신탁소득에 대한 소득세와 증여세의 이중과세는 신탁의 활용을 막는 요소 중의 하나이므로 상증법 규정에서 이를 명확하게 할 것을 개선방안으로 제시하였다.

부가가치세 관련 납세의무자 관련하여 자익신탁에서는 위탁자, 타익신탁에서는 수익자로 본 대법원 판례가 조세법 해석원칙 위배, 전단계세액공제에 위배 등의 문제점을 지적하면서 일반론적으로 신탁을 별도의 납세의무자로 규정할 것을 제시하였다. 다만, 신탁을 별도의 납세의무자로 보기 위해서는 위탁자에 의한 신탁행위에 대한 부가가치세법상 규정이 필요한데, 재화의 유상 이동을 전제로 한 현행 규정에 부합하지 아니할 수 있는 바, 대안으로 신탁유형별로 구분하여 담보신탁과 처분신탁에서는 위탁자를 납세의무자로 개발신탁에서는 수탁자를 납세의무자로 볼 것을 제시하였다.

수익권 관련하여 소득세제는 수익권 양도에 대한 명시적인 규정이 없어 해석론으로 수익권 양도를 신탁재산의 양도로 보아 과세할 수 없어 법적안정성이 저해되고 신탁을 이용한 조세회피가 발생할 수 있음을 지적하였다. 이러한 문제점을 개선하기 위하여 양도소득세 규정에서 수익권을 양도소득세 과세대상으로 규정하되 그 세율은 조세형평 차원에서 신탁재산의 양도 시 적용되는 세율과 동일한 세율을 제시하였다. 수익권 관련 부가가치세법에서는 수익권 양도에 대하여 통제권을 이전을 수반하는 경우에는 신탁재산의 양도로 보고 그렇지 아니한 경우에는 비과세로 보는 해석론이 신탁법상의 수익권 및 수탁자에 의한 신탁재산의 관리·운용권한에 배치되는 점을 지적하면서, 그 개선방안으로 수익권을 신탁법상의 채권으로 보는 견해와 일치시켜 수익권 양도를 비과세거래로 규정할 것을 제시하였다.

마지막으로 본 연구는 신탁법 개정에 따른 새로운 변화에 대응하고 조화롭고 통일적인 신탁세제를 연구하였다. 신탁세제 통일적인 해석을 저해하는 요소는 세법에서 신탁의 법률적인 소유권과 경제적인 소유권의 분리, 신탁 수익권에 대한 정확한 개념정의 없이 개별 세법에서 각각 달리 해석하고 있는 점에 기인한 것으로 보면서 신탁관련 세제를 미국과 같이 별도로 규정하면서 수익권과 소유권 구분에 대하여 개념을 명확하게 정의할 것을 제시하였다.

본 논문은 개정된 신탁법이 시행된 이후 조세법의 관점에서 신탁제도의 특수성을 연구하고, 여기에 바탕을 두고 각 당사별로 신탁소득에 대한 납세의무자 적격성을 근본적으로 연구하고 신탁을 별도의 납세의무자로 입법할 것으로 제시함에 그 의의가 있다. 또한 신탁소득에 대한 소득세와 증여세의 이중과세 문제점을 해석론으로 논증하였고 신탁소득에 대한 소득세와 증여세의 이중과세의 문제점을 해석론으로 논증하였다. 하지만, 신탁구조에 대한 학설이 대립되고 있는 것에서 보는 바와 같이 신탁제도는 현행 민법과 일치하지 아니하는 특수성이 있고, 이러한 특수성으로 인하여 조세법 관점에서 납세의무자 등 과세요건을 규정함에 있어 다양한 견해가 있을 수 있는 한계점도 있을 수 있다.

7. 부가가치세법상 세금계산서제도에 관한 연구

이복희*

경제성장을 지속적으로 추진하기 위하여 1977년 7월 부가가치세가 우리나라에 처음 도입된 이래, 부가가치세 수입은 해마다 늘어나고 있다. 그동안 우리나라는 간접세 위주로 세정을 운영하여 왔는데, 부가가치세의 수입은 국가재정의 근간이 되는 등 지대한 공헌을 하고 있다.

부가가치세제에 있어서 세금계산서는 거래 당사자간에 부가가치세를 징수하였다는 증빙이 됨은 물론, 세무신고 성실도 점검시 불성실 신고자의 색출을 위해 과세관청에서 실시하는 거래내용 확인에 활용되는 등 그 역할은 매우 크다.

과세관청은 부가가치세 시행이후 근거과세를 확립하고 납세협력비용을 절감하며, 거짓·허위 세금계산서를 남발하는 자료상의 적발을 위해 많은 노력을 해 왔으며, 그 결과 2010년 전자세금계산서 제도를 시행하게 되었다.

전자세금계산서 제도는 그동안 수기 또는 전산으로 작성해 발급하는 종이세금계산서를 인터넷을 통해 간단하고 편리하게 주고 받을 수 있는 세법상 공인

---

* 세무사, 전 국세청 근무

된 디지털 세금계산서로, 공급자가 세금계산서를 전자적 방법으로 발급하고, 이를 공급받는 자와 국세청에 전송하는 제도이다. 이러한 전자세금계산서 제도가 법인사업자는 2011년부터, 일정 규모 이상의 개인사업자는 2012년부터 의무화되었다. 2013년 4월 1일 이후 거래분부터는 부가가치세 면세분계산서도 e-세로 홈페이지에서 전자발급·전송이 가능해졌다.

향후 전자세금계산서 제도는 기존의 세금계산서 제도에 많은 변화가 있을 것으로 예상되며, 이러한 세금계산서 제도에 대한 연구와 그 연구결과의 활용은 우리나라 조세정책에 많은 발전을 가져올 수 있을 것으로 전망된다. 이에 따라 납세자 편의주의적인 측면에서 현행 세금계산서 제도의 문제점 및 최근 부각되고 있는 전자세금계산서 제도의 문제점을 살펴 보고 그에 대한 개선방안을 마련하고자 본 논문을 작성하게 되었다.

본 연구는 부가가치세 제도와 세금계산서 제도에 관한 서적, 논문, 국세청 자료, 간행물 및 관련 기사를 참고하여 문헌적 방법에 의해 작성하였다. 연구의 결과로서 정리된 사항은 다음과 같다.

납세자 편의 제고를 위한 세금계산서 제도의 문제점은, 첫째, 과세기간 이후 발급받은 세금계산서 관련 매입세액 불공제는 공급시기를 결정할 수 없는 경우가 빈번히 발생하는 상황에서 납세자의 예기치 못한 손실을 가져올 수 있으며,

둘째, 사업의 포괄양도양수시 사업양도 요건이 포괄적이고 명확하지 아니한 관계로 오히려 납세자에게 불편을 주고 있으며,

셋째, 사업과 직접 관련없는 지출에 대한 매입세액, 개별소비세 과세대상 자동차의 매입세액, 접대비 지출 관련 매입세액에 관하여 실제로 사업활동을 수행하기 위하여 발생한 필요한 비용임에도 매입세액을 불공제하고 있으며, 토지조성 관련 매입세액은 법 규정이 개별 사례별로 해석 및 판단에 있어 차이가 크고, 과세 및 검토과정에서 국세청, 조세심판원 및 납세자의 판단이 서로 달라,

납세자로 하여금 불편을 초래하며,

넷째, 현행 간이과세 제도 및 광범위한 면세 제도로 인하여 세금계산서 수수 질서가 제대로 잡히지 않고 있으며,

다섯째, 부실세금계산서의 수수로 인해 선량한 납세자들이 더 많은 세금을 부담하게 되는 등 공평과세를 저해하고 있다.

또한, 최근 이슈가 되고 있는 전자세금계산서 제도와 관련하여, 첫째, 전자세 금계산서의 발급 및 수정단계의 문제점은 ① 영세납세자의 초기 납세비용이 증 가하며, ② 금융기관 등의 공인인증서로는 전자세금계산서 발급이 어려워 납세 자에게 부담을 주며, 세무서 보안카드는 보안에 취약하다. ③ 기 발급된 전자세 금계산서는 수정·폐기가 어려워서 불편하며, ④ 매출자 착오 등으로 인한 전 자세금계산서 발급 오류시 수정이 곤란하다.

둘째, 전자세금계산서 수신단계의 문제점은 ① 전자세금계산서의 수신방법 및 수신시기가 불합리하며, ② 사업개시전 매입전자세금계산서 확인이 곤란하 다. 전자세금계산서 조회단계의 문제점은 ① 세무대리인의 전자세금계산서 정 보조회가 불편하며, ② 비사업자의 e-세로 세금계산서 합계표 조회가 불가능하 다. 과세관청의 관리단계의 문제점은 ① 전자세금 조기경보시스템이 예상과 달 리 실효성이 적으며, ② ASP사업자에게는 전송의무가 부여되지 않아 전자세금 계산서 관리가 제대로 되지 않는다는 것이다.

셋째, 개인사업자의 전자세금계산서 의무발급 대상자 범위가 불합리하며, 넷 째, 현행 전자세금계산서 미발급·미전송시 가산세가 과중하다.

이러한 현행 제도상 여러 가지 문제점에 대하여 다음과 같이 개선방안을 제 시하고자 한다.

납세자 편의 제고를 위한 세금계산서 제도와 관련된 개선방안은, 첫째, 매입세액 공제 제도와 관련하여 별도의 가산세를 부과하더라도 과세기간 이후 발급받은 세금계산서에 대한 매입세액 공제를 허용하여야 한다.

둘째, 부가가치세법 제10조 제8항 제2호의 사업양도 규정에서 사업양도양수 판단이 분명하지 않는데, 사업의 양도시점부터 "사업의 동일성 유지"를 폐지하고, 양수자의 매입세액 공제가 가능한 매입이라면 사업양도양수를 모두 인정하는 방향으로 법령을 명확히 정비할 필요가 있다.

셋째, 매입세액 불공제와 관련하여 ① 사업과 직접 관련없는 지출에 대한 매입세액은 취득시 매입세액 공제는 인정하여 주고 소득세법과 법인세법 등에서 사용실태 등을 파악하여 실질에 따라 사업과 직접 관련없는 비용일 경우 손금으로 인정하여 주지 않거나, 일정부분 손금한도액을 정해 공제해 주도록 세법을 정비할 필요가 있다. ② 업무관련성이 입증되는 개별소비세 과세대상 자동차 관련 매입세액은 매출세액에서 공제함이 타당하다. ③ 접대비 등의 지출에 관련된 매입세액은 사업과 관련하여 특정인에게 지출된 매입세액은 법인세법이나 소득세법에서 한도내 손금불산입되는 중복과세의 이중 부담을 안고 있으므로 매입세액을 공제해 주는 것이 합리적이다. ④ 토지의 조성 등을 위한 자본적 지출에 소요된 부가가치세 매입세액 공제를 허용해 주고 토지를 취득한 후 일정기간 내에 양도하는 때에는 매입세액으로 공제받은 금액을 보유기간에 따라 일정 공제율을 적용하여 취득가액에 합산하여 납부하도록 개선하는 것이 타당하다.

넷째, 간이과세 제도를 개선하기 위하여 단기적으로는 부가가치율을 상향 조정하고, 장기적으로는 간이과세 제도를 폐지하여야 한다. 또한 광범위한 현행 면세 제도는 최대한 축소해야 한다.

다섯째, 세금계산서 미발급 및 수취기피자에 대하여 쌍방 모두에게 가산세를 적용하거나 세무조사 실시 등 처벌의 강화가 필요하고, 세무공무원에게 직접 조세 범칙 사건에 필요한 범칙혐의자, 참고인의 신병을 확보하고 수사할 수 있도록 수사권을 부여할 필요가 있다.

아울러, 최근 점차 확대되는 전자세금계산서 제도를 보다 활성화하기 위한 개선방안을 다음과 같이 제시하고자 한다.

첫째, 전자세금계산서 발급 및 수정단계에서는 ① 전자세금계산서의 발급·전송 세액공제의 건별 한도와 연간 한도를 높일 필요가 있으며, 제도가 정착될 때까지 세액공제 기간의 연장이 필요하다. 또한, 영세사업자의 초기 납세협력비용이 증가할 우려가 있어 e-세로 홈페이지, 기존민간시스템, 전화기(ARS), 신용카드 결재망(VAN) 등 4가지 사이트를 하나의 사이트로 통합해야 한다. ② 금융기관의 공인인증서로도 전자세금계산서 발급이 가능하도록 해야 하며, 보안에 취약한 세무서 보안카드는 폐지하여야 한다. ③ 전자세금계산서 발급 후 전송 전에는 수정할 수 있도록 허용하여야 한다. ④ 전자세금계산서의 수정발급(착오정정)전산시스템을 보완해야 한다.

둘째, 수신단계에서는 ① 전자세금계산서의 불합리한 수신방법 및 수신시기를 합리적으로 개선해야 한다. ② 사업개시전이라도 매입 전자세금계산서의 확인이 가능하도록 해야 한다. 조회단계에서는 ① 세무대리인의 전자세금계산서 정보조회 방법을 개선해야 한다. ② 비사업자도 e-세로 세금계산서 합계표를 조회할 수 있도록 회원가입을 허용해야 한다. 과세관청의 관리단계에서는 ① 전자세금계산서 조기경보시스템을 효율적으로 운영하기 위해서 e-세로 등 전자세금계산서 발급시스템상의 품목, 규격, 기타 자료 미작성시 발급규제가 되도록 전산시스템을 개선해야 한다. ② 자료상을 미연에 방지하기 위해 ASP 사업자에게도 전자세금계산서 전송의무를 부여해야 한다.

셋째, 개인사업자의 전자세금계산서 의무발급대상자 기준금액 계산시 고정자산 매각금액 50% 초과사업자와 부가가치세법 시행령 제73조 제1항에 해당하는 공급가액 50%를 초과하는 사업자는 각각 이를 제외한 금액으로 발급대상자를 선정하여야 한다.

넷째, 전자세금계산서 미발급 · 미전송 가산세가 지나치게 높으므로 가산세를 현행 수준보다 낮추거나, 발급시 인센티브를 제공하는 방향으로 법을 개정해야 한다.

앞으로 전자세금계산서 제도 시행은 부가가치세법상 여러 가지 긍정적 효과를 가져 올 것으로 예상되나 시행 초기 나타나는 문제점과 향후 예상되는 문제점을 해결하여 제도 시행의 신뢰성을 높여야 한다. 또한, 제도의 활성화방안을 지속적으로 추진함으로써 전자세금계산서 제도가 가급적 빨리 정착할 수 있도록 노력하여야 한다.

8. 조세입법권의 절차적 정당성 제고에 관한 연구

이한규[*]

인터넷 발달 등으로 정보의 비대칭이 해소되고, 사이버스페이스(Cyberspace)라는 가상공간이 형성됨에 따라 국민들은 실시간으로 의견을 교환하거나 정치적 토론을 하며, 여론을 형성하거나 주도하는 등 국가권력의 주변환경이 전자민주주의의 전개에 따라 급변하고 있다. 이에 따라 입법이 민주적 절차에 따라 결정되어야 한다는 절차적 민주주의와 더불어 정의(正義)나 공동선에 합치되는 실질적 민주주의의 중요성이 강조된다.

국회의 입법과정에서는 숙의민주주의에 의한 참여를 보장하기 위한 여러 가지 법적 장치를 강구하고 있지만 형식적 운용에 그치고 있다. 입법과정에서의 절차위반은 국회의원과 국회의장 간의 권한쟁의 심판의 형태로 제기되었고, 헌법재판소는 입법과정에서의 절차 위반이 국회의원의 기본권인 법률안 심의·표결권을 침해하였다고 판단하였지만 그 결과물로서의 입법이나 가결선포행위를 무효로 하지 않았다. 그러나 조세법률안에 있어서는 헌법이나 국회법에서

* 전 국회 법제사법위원회 수석전문위원

규정한 절차의 위반이 납세자의 기본권 저해를 이유로 하여 납세자와 국회 간의 다툼으로 전개될 우려가 제기된다. 이와 같은 우려는 국회에서의 조세입법 결정 과정을 회의록과 실증자료를 통하여 분석한 결과 조세입법권의 절차적 정당성이 형식적 측면에 치우쳐 있고, 실질적 측면에서 미흡하기 때문이다.

이와 같은 점을 감안하여 본 논문에서는 조세입법권을 조세법률안 입안권과 조세법률안 제출권 및 조세법률안 심의권으로 세분화하여 조세입법권의 절차적 정당성의 규범인 민주성과 전문성의 제고방안을 모색하였다.

먼저 민주성을 제고하기 위해서 첫째, 조세입법청원제도의 개선방안으로 청원제출 시 국회의원 소개 요건의 삭제와 청원심사 과정에서 청원인의 진술권을 보장하는 방안을 모색하였다.

둘째, 의원발의 조세법률안이 접수되면 즉시 행정부에 통지하는 정부통지제도의 도입을 검토하였다. 정부통지제도의 도입으로 정부가 제출한 의견이나 자료를 공식화하고 공개함으로써 입법과정의 참여자들이 공유하여 정보의 비대칭을 해소함으로써 민주성과 전문성의 제고가 필요하기 때문이다.

셋째, 조세법률안의 위원회대안 작성과정의 투명화를 보장해야 한다. 연평균 200여건이 넘는 조세법률안을 대안으로 작성하는 과정에서 사안별로 축조심사 절차에 준하여 심사되어야 한다. 위원회 대안으로 확정되어 수용된 내용에 있어서 사안별로 찬성과 반대의 토론 내용이 회의록 등을 통하여 공개됨으로써 대안의 타당성 여부를 국민의 판단에 맡겨야 한다.

넷째, 조세입법특별위원회의 상설화가 필요하다. 현행과 같이 단일소관위원회 회부제도에 의하여 조세법률안을 기획재정위원회에 회부하고, 기획재정위원회에서는 조세소위원회에 회부함으로써 조세법률안을 조세소위원회에서 실질적으로 내용을 결정하는 입법과정은 민주성을 저해하기 때문이다.

다섯째, 조세소위원회제도는 개별세법의 특성에 맞게 기능적 분화가 필요하다. 이외에 위원수의 확대와 조세소위원회 심사자료의 공개 및 대안작성 투명화 그리고 운영 효율성 제고 등이 강구되어야 한다.

여섯째, 위원회에 회부된 조세법률안은 즉시 입법예고하고, 조세법률안은 이해당사자들이 일부에 국한되는 것이 아니고 국민 전체에 해당한다는 특수성을 감안하여 20일 이상 입법예고해야 한다.

일곱째, 조세입법 공청회제도의 개선이 필요하다. 2000년 이후 현재까지 국회에서 조세입법 공청회를 개최한 사례가 3회에 불과한 이유는 조세입법 결정절차의 구조적 결함에 기인하므로 조세소위원회 중심의 운영과 정례공청회제도의 도입이 현실적으로 운영 가능한 방안이다.

마지막으로 조세법률안 심의를 위한 전원위원회제도의 활성화가 필요하다. 개회요건인 의사정족수를 50명 수준으로 하향조정하고, 개회요구가 있으면 개회하도록 하며, 조세법률안이 본회의에 부의(附議)되면 자동으로 전원위원회가 개회되도록 함으로써 민주성을 제고하는 것이 필요하다.

다음으로 전문성을 제고하기 위해서 첫째, 국회사무처 법제실과 국회입법조사처 및 국회예산정책처로 산재되어 유사중복기능을 수행함에 따라 인적·물적 낭비를 초래하는 조세법률안 법제지원조직을 기획재정위원회 전문위원실로 통합하는 방안이 강구되어야 한다. 조세입법의 입안단계부터 전문위원을 정점으로 하여 조세입법 결정과정이 체계화되는 것이 인력을 확대하지 않고, 조직을 감축한다는 측면에서 현실적으로 실현가능한 방안이다.

둘째, 조세입법 담당 전문위원제도의 개선이 필요하다. 일반직공무원은 순환보직하는 인사제도의 운영상 전문성 축적에 한계가 있으므로 계약직공무원이나 개방형 직위로 활용하여 조세전문가를 충원하도록 하는 한편 조세입법 연구업무로 업무의 범위를 일원화하는 제도개선이 필요하다.

마지막으로 전문가제도에 있어서는 전문가의 위촉 권한을 위원회로 일원화하여 위원회가 자율적으로 전문가를 위촉할 수 있도록 제도개선이 필요하다. 또한 위원회 의결로 전문가 위촉을 결정하는 현행 제도를 위원장과 간사 간에 합의하여 결정하도록 변경이 요망된다. 국회법에서는 전문가 자격요건을 국가공무원법 제33조의 결격사유로 한정하고 있다. 그러나 위원회의 전문가 활용에 관한 규정은 국회법의 위임범위를 넘어서서 전문가의 자격요건을 강화하고 있다. 이와 같이 전문가의 자격기준을 강화한 것은 포괄위임금지 원칙에 위배되므로 시정이 요망된다.

9. 비과세 · 감면제도의 입법에 관한 연구

최미희*

조세우대조치인 비과세 · 감면에는 조세부과를 전면적으로 면제하는 것, 세액의 일부를 감면하거나 공제하는 것, 특별손금의 산입을 허용하여 세부담액을 경감하는 것 등이 포함된다. 비과세 · 감면은 일정한 요건을 갖춘 납세자들의 세부담을 경감하여 특정한 경제행위를 촉진하거나, 산업을 육성하거나, 계층을 보호하기 위한 세법의 한 수단이다. 비과세 · 감면은 경제행위, 산업육성 및 계층 보호 등의 행위를 과세대상으로 한다. 이에 비과세 · 감면은 조세의 부담이 공평하게 국민들 사이에 배분되도록 세법을 제정하여야 한다는 입법상 공평의 특례로 다룬다. 헌법재판소는 합리적인 근거를 가지고 차별대우 하는 것은 평등의 원칙에 반하는 것이 아니라고 보고 있다.

비과세 · 감면을 조세부담의 측면에서 보면 직접 감면 받은 세액 상당액은 국가로부터 납세자가 보조금을 받는 것과 다름이 없는 것이고, 간접감면 받은 과세이연은 경감을 받은 세액의 이자 상당액을 국가로부터 지원받은 것과 같

---

* 전 국회 예산정책처 조세분석심의관

다. 이는 특정한 납세자군이 조세부담을 다른 납세자군의 부담으로 전가하는 결과를 초래한다. 비과세 · 감면은 국가재원의 충당이라는 조세의 기본 목적을 양보하면서 세수의 감소를 초래하게 되므로, 국가 재정건전성에 영향을 미치게 된다. 우리 사회가 직면한 저출산 · 고령화에 따른 재정수요 확대 필요성과 디플레이션 · 저성장에 동반된 세수감소 그리고 국가부채 증가라는 복합적인 재정 여건 하에서 장래 재정지출은 증가하고 세입은 감소할 것으로 예측되므로, 국가 재정건전성과 관련이 있는 비과세 · 감면 입법의 관리는 그 어느 때보다 중요하다.

입법단계에서 비과세 · 감면 법안은 그 정책적 타당성이 합리성 기준에 따라 검토되어야 함에도 불구하고, 현행 입법심의에서는 정형화된 심의 기준을 두고 있지 못하다. 비과세 · 감면 입법의 타당성에 대한 검토 미흡은 비과세 · 감면을 받는 수혜자와 받지 못하는 자간의 불공평을 초래할 수 있을 뿐 아니라, 재정건전성 관리에도 영향을 미치게 된다. 나아가 이는 사법 분쟁으로 이어질 가능성도 있다.

그럼에도 불구하고 현행 헌법재판소의 결정례는 개별 비과세 · 감면의 합리적 차별 이유에 대해 구체적이지 못하다. 헌법재판소는 많은 비과세 · 감면 입법례를 입법재량 원칙에 따라 국회에서 심의해야 할 사안으로 돌리면서, 개별 비과세 · 감면조항의 위헌 여부(평등원칙 위반 여부)를 합리성 기준에 의하여 심사하여 왔으나 그 결정의 이유나 논거는 명확하지 않은 편이다.

비과세 · 감면의 집행단계에서도 마찬가지이다. 일몰이 도래한 비과세 · 감면이 30년 이상 지속되거나 한번 도입된 제도는 폐기가 어렵다. 비과세 · 감면의 지속여부를 확인하는 성과관리제도는 2013년도에 도입되었고, 비과세 · 감면이 결과하는 조세지출이 2011년부터 조세지출예산서로 국회에 보고되고 있다. 그러나 조세지출예산 심의는 재정지출과 비교할 때 미흡한 편이다. 재정지출과 조세지출을 연계한 심의가 필요함에도 불구하고, 실제 입법 심의에서는 이를 연계하고 있지 아니하다. 조세지출예산에 대한 심의 결과는 법안 심의로 연계되어 존치, 개정 혹은 폐기되어야 하나 이를 연계하는 강제 규정 또한 부재하다.

본 연구에서는 비과세 · 감면 관련 입법에 있어서 이러한 문제가 야기된 근본적인 사안을 쟁점으로 부각시켜 개선과제를 도출한 다음, 조세공평주의의 실현 및 재정건전성에 직접적인 영향을 미치는 비과세 · 감면의 입법, 도입 · 개정 및 폐기에 있어서 합리성 기준의 설정과 동 기준의 실효성을 제고하는 것의 중요성을 확인한 후, 개선과제를 도출하였다.

첫째, 입법단계 관련 논의에서는 미국을 비롯한 OECD 국가 등에서 입법심의에 공통으로 활용하고 있는 합리성 기준을 확인하였다. 그 결과 많은 나라에서 비과세 · 감면이 결과하는 조세지출을 재정지출과 동등하게 취급할 뿐 아니라 조세지출의 입법기준 또한 재정지출의 그것과 유사하게 다루고 있는 것으로 확인되었다. 입법심의에서 활용 가능한 비과세 · 감면 합리성 기준으로는 정책적 타당성, 효율성과 효과성, 형평성, 국가 재정건전성, 및 조세행정 간소성을 들 수 있다.

둘째, 헌법재판소는 조세우대조치인 비과세 · 감면이 평등원칙을 위배하는지에 대한 심사기준으로 합리성 기준을 채택하고 있다. 비과세 · 감면제도를 조세지출로 정착시킨 후, 여러 나라에 동 제도 운용의 틀을 제공하고 있는 미국도 정책세제인 비과세 · 감면의 심사에 합리성 기준을 채택하고 있다. 우리나라의 헌법재판소 뿐 아니라 미국 연방대법원도 비과세 · 감면의 헌법상 타당성은 그것의 목적과 효과가 감면에 따른 면제보다 클 때 인정된다고 본다. 헌법재판소는 비과세 · 감면의 위헌심사에 있어서 활용하고 있는 합리성 기준을 명확하게 제시하고 있지는 않지만, 헌법재판소가 활용하고 있는 기준은 정책목적의 정당성, 정책목적 실현을 위한 수단의 적절성과 유효성, 법익의 균형성으로 구분 정리할 수 있다.

셋째, 이와 같은 위헌심사와 입법심의에 활용하고 있는 비과세·감면의 합리성 기준은 서로 연계할 필요가 있다. 위헌심사에 나타난 비과세·감면 합리성 기준과 심사내용을 입법심의에서 어떻게 받아들이고 입법심의에서의 조세정책적 입장에 따른 비과세·감면 합리성 기준을 위헌심사에서 어떻게 받아들일 것인지에 대한 것이 그것이다. 입법심의와 위헌심사에 나타난 비과세·감면의 합리성 기준을 중심으로 입법심의와 위헌심사에 공통적으로 적용될 수 있는 것과 개별적으로 적용이 필요한 것을 구분하여 도출해 보았다. 그 결과 위헌심사에 나타난 비과세·감면 합리성 기준 중 입법심의에 적용 가능한 기준으로 정책적 타당성, 침해의 최소성과 형평성(공평성)을 들 수 있다. 정책적 타당성의 세부 기준으로 정책 목적의 정당성, 방법(수단)의 적절성(침해의 최소성 포함), 효과성(법익의 균형성)을 들 수 있다. 입법심의에만 적용 가능한 합리성 기준으로는 국가재정 건전성과 조세행정 간소성을 들 수 있다.

넷째, 도출된 비과세·감면 합리성 기준을 현행 위헌심사 및 입법심의와 비교할 때 어떻게 달라질 수 있는지 확인하기 위하여 분석대상은 개별 비과세·감면 중 농어업용 면세유 제도로 하였다. 분석 결과 위헌심사에 나타난 비과세·감면 합리성 기준을 입법심의에서 활용한다면, 입법이 보다 객관적 타당성을 인정받을 수 있는 것으로 확인되었다. 비과세·감면 관련 일몰규정이 있으나 한번 도입된 비과세·감면은 일몰시키기 어려운 실정이다. 그러나 제안된 비과세·감면 합리성 기준을 적용하여 개별 비과세·감면의 입법 및 개정을 심의하도록 한다면 입법부가 이해관계자들의 로비로부터 좀 더 자유로울 수 있어 제도 운용의 유연성을 제고할 수 있을 것이다. 비과세·감면 관련한 정보력의 한계가 있는 위헌심사에 있어서도 유사한 심사기준에 기초해 입법된 비과세·감면 관련 입법심의 결과를 참고하여 사안을 심도 깊게 검토할 수 있을 것이다.

다섯째, 입법심의 및 위헌심사에서 제안된 비과세 · 감면 합리성 기준을 적용하기 위해서는 제도적으로 보완을 필요로 한다. 우선 입법심의 단계에서는 신규 비과세 · 감면 법안 제출 시 현행 국가재정법 제87조에 따른 법안비용추계서에 비과세 · 감면 합리성 분석을 추가하도록 한다. 더불어 조세특례제한법 제142조에서 규정하고 있는 조세감면건의서 · 조세감면평가서, 및 조세특례평가에 있어서 비과세 · 감면 합리성 기준을 참조하도록 한다. 더불어 조세지출에서 활용하고 있는 조세감면건의서와 조세감면평가서를 입법심의에서 활용할 수 있도록 제도개선 방안을 모색할 필요가 있다.

10. 양도소득세 과세대상자산의 증여에 따른 과세제도 연구

양도소득세 과세대상자산의 증여에 있어서 증여자의 자본이득에 대한 과세 제도와 수증자의 수증익에 대한 과세제도는 국가별로 매우 다양하다. 그리고 증여시 증여자의 자본이득에 대하여 양도소득세를 과세하고, 수증자의 수증익 에 대하여 증여세를 과세하는 것이 이중과세가 아닌지에 대하여 논란이 있다.

우리나라는 개인이 개인으로부터 자산을 증여받은 경우에는 수증익에 대하 여 증여세를 과세하고, 특수관계법인으로부터 증여받은 경우에는 소득세를 과 세한다. 그런데 수증자의 수증익에 대하여 증여자와의 관계에 따라 소득세를 과세하기도 하고, 증여세를 과세하기도 하여 해석상 다툼이 발생하고, 불공평 이 초래된다. 그리고 개인이 양도소득세 과세대상자산을 증여할 경우 증여자의 자본이득에 대하여 일반적으로 과세하지 않는다. 그런데 일정한 경우 증여행위 를 조세회피행위로 보아 증여자의 자본이득에 대하여 과세하려다 보니 규정이

---

* 세무사

156   조세법 박사학위 논문, 어떻게 쓰나요?

매우 복잡하고, 많은 문제점이 발생한다.

본 연구는 이러한 문제점에서 출발하여 양도소득세 과세대상자산의 증여에 따른 과세문제를 증여자의 자본이득에 대한 과세문제와 수증자의 수증익에 대한 과세문제로 나누어서 살펴보았다. 그리고 고·저가양도 및 특수관계인 사이의 거래에 있어서 양도소득세와 증여세의 이중과세문제를 통해 증여자의 자본이득에 대한 과세 및 수증자의 수증익에 대한 과세의 관계에 대하여 검토하였다. 나아가 양도소득세 과세대상자산의 증여에 따른 우리나라의 과세제도에 대하여 살펴본 후 개선방안을 제시하였다.

수증자의 수증익에 대한 과세와 관련하여 개인이 개인으로부터 자산을 증여받은 경우 수증자의 수증익에 대하여 수증자를 기준으로 증여세를 과세하는 것은 담세력에 따른 공평과세의 견지에서 바람직하다. 그렇지만 개인이 특수관계법인으로부터 이익을 분여받은 경우 분여받은 이익에 대하여 이익의 귀속자와 법인의 관계에 따라 획일적으로 소득세를 과세할 것이 아니라, 그 이익의 성격에 맞추어 법인에 대한 근로제공의 대가인 경우에는 근로소득으로 보고, 주주에 대한 이익처분의 성격인 경우에는 배당소득으로 보아 소득세를 과세하도록 입법론적으로 개선하는 것이 실질에 부합한다.

증여자의 자본이득에 대한 과세와 관련하여, 증여자의 자본이득에 대하여 양도소득세를 과세하는 것이 효율과 공평이념에 부합한다. 다만 과세시기 및 과세방법에 있어서 양도의제방식을 선택할 것인가 또는 취득가액 승계방식을 선택할 것인가는 매우 어려운 문제이다. 양도의제방식이 취득가액 승계방식에 비해 응능부담의 원칙에 더 충실하고, 증여자의 취득가액을 관리하지 않아도 되므로 간편하며, 세수측면에서도 증여시 양도소득세를 과세할 수 있어서 더 유리하다. 그러나 우리나라에서는 역사적으로 한 번도 증여시 양도소득세를 과세한 적이 없고, 전 세계적으로도 개인 사이에 증여시 양도소득세와 증여세를 동시에 과세하는 경우는 거의 없어, 증여시 양도소득세를 과세한다는 것에 대하여 납세자들이 직관적으로 이해하고 수용하기가 매우 어려울 것이라 예상된다. 그런데 취득가액 승계방식은 미국과 일본에서 오래전부터 시행하여 왔고, 우리나라에서도 수증자가 배우자나 직계존비속인 경우 제한적으로 시행하고 있어서, 납세자가 제도의 변화를 수용하기가 양도의제방식보다 용이하다고 생각된다. 따라서 우리나라에서도 증여자의 자본이득에 대한 과세를 성공적으로 정착시키기 위하여 담세력에 따른 공평한 과세를 일부 희생하여서라도 미국이나 일본에서 시행하고 있는 취득가액 승계방식을 채택하는 것이 현실적인 방안이 될 수 있을 것이다.

자본이득세의 부과대상인 '자본이득'과 증여세의 부과대상인 '재산 자체의 가액'은 서로 중복되는 관계에 있지 아니하다. 재산 자체의 가액에 증여자의 자본이득이 포함되어 있으나, 증여자에게 '자본이득'에 대하여 과세하는 것은 증여자가 자산을 보유한 기간 동안 이미 발생한 소득에 대하여 증여를 과세의 계기로 삼아 과세하는 것이다. 한편 수증자에게 수증익에 대하여 과세하는 것은 수증자가 증여에 의해 재산을 취득함으로써 담세력이 증대되었으므로 '재산 자체의 가액'에 대하여 과세하는 것이다. 따라서 개인이 양도소득세 과세대상 자산을 증여할 경우 증여자에게 자본이득에 대하여 양도소득세를 과세하고, 수증자에게 수증익에 대하여 증여세를 과세하는 것은 이중과세라 할 수 없다.

따라서 양도소득세 과세대상자산을 증여할 경우 현행처럼 수증자의 수증익에 대하여 증여세를 과세하면서, 증여자의 자본이득에 대하여 수증자가 증여받은 재산을 양도할 때 수증자의 양도소득에 포함하여 과세하는 취득가액 승계방식을 전면적으로 시행할 것을 입법론으로 제안하며, 장기적으로는 증여의 경우 양도의제방식으로 전환하는 것에 대하여 신중하게 고려하여야 한다는 의견을 제시한다.

11. 상속세 유산취득세방식 전환에 관한 연구 :
전환에 따른 입법적 보완을 중심으로

안호영*

상속세 과세방식은 크게 유산세방식과 유산취득세방식으로 나눌 수 있다. 우리나라는 상속세 도입당시 부터 유산세방식을 채택하고 있다. 1934년 「조선상속세령」의 제정 공포로 상속세제가 처음 시행된 후 1950년부터 현재까지 유산세방식을 계속 시행하여 온 것이다.

그런데 부의 분산이라는 관점에서 보면 유산취득세방식이 유산세방식보다는 상속인의 응능부담에 부합한 방식이다. 다만 지금껏 위장분할 등 조세회피의 가능성 때문에 유산취득세방식으로 전환이 실제로 이루어 지지 않았다. 본 연구에서는 현재는 조세회피 가능성에 대한 대비책이 상당히 보완되어 유산취득세방식으로 전환이 가능하다고 보았고, 이에 따라 유산취득세방식으로 전환을 전제로 법 개정사항 및 행정적 보완사항을 제시하였다. 유산취득세방식으로 전환은 학계, 실무 등에서 논의가 된 바 있지만, 전환되었을 때의 법적 구체적

세무사, 전 국세청 근무

인 내용이나 그 근거, 위장분할 방지에 대한 보다 구체적인 법제도적 및 행정적 방안을 제시했다는 점에 본 연구의 의의가 있다.

현행 유산세방식을 유산취득세방식으로 전환할 때 위장분할방지를 위한 상속세 및 증여세법 개정방안은 다음과 같다.

첫째, 현행 상속세 단일세율을 독일의 경우처럼 복수세율로 개정하는 것을 중장기적으로 검토할 필요가 있다. 단일세율은 납세의무자별로 과세표준에 적용되는 법정세율이 동일한 것을 말하고, 복수세율은 납세의무자별로 동일 세목의 동일 과세표준이라 하더라도 적용되는 법정세율이 다른 경우를 말한다. 피상속인과 상속인과의 친소에 따라 복수세율로써 상속세를 부과하는 것은 주관적 조세의 저항을 고려할 때 당위성이 있다고 할 수 있고, 상속인들이 상속재산을 위장분할 하는 동기가 높은 상속세 한계세율을 회피를 제한하는 효과가 있다. 다만 전체 세목의 구조를 고려할 때 상속세만 복수세율구조를 선택한다고 해도 유산취득세방식에서 위장분할 문제를 완전하게 해결하지는 못한다는 점에서 지금 당장 시행에는 한계가 있다.

둘째, 일정한 경우 상속재산을 위장분할한 것으로 추정하는 규정을 둘 필요가 있다. 과세관청이 예상하지 못한 방법을 통한 상속재산의 위장분할을 방지하기 위함이다. 다만, 추정규정은 납세의무자의 재산권보호와 충돌할 가능성이 있으므로 그 요건을 엄격하게 하여야 한다.

셋째, 상속재산을 미분할하거나 피상속인의 상속재산처분대금이나 인출금액으로서 사용처가 불분명한 경우, 일본의 예에 준하는 법정지분과세방식을 도입하여야 한다. 다만, 예측하지 못한 사망이나 상속인간의 분쟁 등을 대비하여 사후에 수정신고 또는 경정청구제도로서 교정할 기회를 두어야 한다.

현행 유산세방식을 유산취득세방식으로 전환할 때 위장분할방지를 위한 상속세 및 증여세법 이외의 법제도 개정방안은 다음과 같다.

첫째, 부과제척기간을 연장하여야 한다. 상속재산의 위장분할은 상속인뿐만 아니라 피상속인 단계에서도 장기간에 걸쳐서 은밀히 이루어 질 수 있으므로 상속세부과제척기간의 연장은 부득이하다. 특히 공익법인을 통한 위장분할의 경우를 고려하면 더욱 그러하다.

둘째, 납세의무자가 신고하는 개별 상속재산별로 과소신고가산세를 부과하여야 한다. 현행 유산세방식에서는 과세방식상 전체적으로는 과세가액 및 과세표준을 과다 신고하였으나 개별적으로는 과소신고 또는 신고누락 상속재산이 있는 경우 과소신고 가산세를 회피할 수 있다. 이를 막기 위한 조치이다.

셋째, 「금융실명거래 및 비밀보장에 관한 법률」에 「부동산실권리자명의등기에 관한 법률」과 동일한 정도의 벌칙규정(무효, 과징금, 이행강제금 및 벌칙)을 신설하여야 한다. 상속재산의 위장분할을 실효성 있게 방지하기 위함이다. 금융재산의 예금명의자 추정은 출연자의 소유권 주장입증으로 번복될 가능성이 높기 때문이다.

넷째, 공익법인을 이용한 위장분할을 방지 강화하기 위한 관련제도를 정비하여야 한다. 상속세과세가액 무제한 불산입 제한 등과 출연자 및 그의 특수관계인의 이사배제에 따른 관선 이사 도입 및 감독관청의 일원화로 사후감독을 철저히 하여야 한다.

상속세 과세방식 변화에 따른 법제도적인 개선방안은 다음과 같다.

첫째, 부부간 상속 시는 이혼의 경우 부부공동재산의 분할과 동일한 논리로 상속세 과세에서 제외하여야 한다. 부부공동재산은 어느 일방의 명의로 소유권을 나타내고 있느냐와 무관하게 혼인한 부부가 공동의 힘으로 형성한 재산이다. 부부가 공동으로 소유하는 공유재산을 어떤 원인으로 소유권을 환원하든 과세상 차별이 있으면 안 되기 때문이다.

둘째, 상속재산을 위장분할한 경우를 제외하고는 연대납세의무는 폐지하여야 한다. 유산세방식과 달리 유산취득세방식은 납세의무의 확정절차가 상호 독립적으로 진행된다. 상속재산취득이라는 독립적 사건에 의하여 납세의무를 성실히 이행한 납세의무자가 본인과 무관한 다른 납세의무자의 불성실 납세의무 이행으로 인하여 불이익을 받으면 안 된다. 다만 상속재산 위장분할은 관련당사자들이 은밀하게 악의적으로 이루어지므로 위장분할과 관련한 연대납세의무는 폐지하여서는 안 된다.

셋째, 과세관청 차원에서 여러 가지 행정적 개선방안도 함께 이루어져야 한다. 상속세 과세자료수집 및 관리는 평면적인 과세자료 관리보다 목표지향적인 과세자료관리가 필요하다. 또한 납세의무자가 상속세 신고 시 피상속인 및 상속인의 과세정보(조사이력)를 납세의무자에게 사전제공 함으로써 상속세 과세행정을 보다 투명하게 만들어야 한다.

마지막으로, 성실신고확인서제도를 도입하여야 한다. 상속세 신고와 결정은 상속인과 과세관청이 독립적으로 신고 또는 결정하는 것이므로 상속세 신고 시 자기검증기능을 부여하고자 함이다.

12. 차명주식 거래과세에 관한 연구 : 명의신탁 증여의제를 중심으로

김정기[*]

차명 주식은 타인 명의 거래로 취득된 주식이다. 부동산이나 주식 등 그 권리의 이전이나 행사에 등기 등이 필요한 자산에 대한 차명 거래는 대개는 명의신탁이다. 주식 명의신탁은 부동산과는 달리 여전히 사법적으로 유효한 것으로 인정되고 있다. 주식 명의신탁이 유효이므로 아직도 거래에서 명의신탁이 흔하게 일어난다.

주식 명의신탁은 명의신탁자가 거래의 전면에 나타나지 않는 것으로서 탈법과 조세회피의 수단으로 이용되고 있다. 그러므로 주식 명의신탁으로 인한 조세회피를 저지할 필요가 있고 이러한 목적으로 유지되고 있는 것이 주식 명의신탁 증여의제이다. 그런데 학계와 실무가들은 이 제도의 위헌성을 꾸준히 지적하고 있다. 헌법재판소도 증여의 은폐수단이 아닌 진정한 의미의 명의신탁에 대해서도 이 규정을 적용하는 것은 위헌의 소지가 있다고 밝혔다. 그래서 도입

---

[*] 변호사

된 것이 '조세회피 목적이 없을 것'이라는 요건인데 이 요건은 억울하게 증여세를 부담하는 자를 구제하는 데에 그 효과가 미약하다. 헌법재판소는 조세회피 목적의 조세범위를 확장한 규정이 합헌이라고 판시하였다. 그 결과 명의신탁이 실제로는 증여가 아니면서도 다른 세목의 조세가 회피될 수 있는데 이 경우 명의수탁자는 실질이 증여가 아님을 입증해도 구제 받지 못하게 되었다. 헌법재판소의 합헌론은 명의신탁 증여의제에 위헌의 소지가 있다고 밝힌 최초 결정에서의 견해와 모순된다. 이 제도는 조세법률주의, 조세평등주의, 과잉금지원칙, 체계정당성의 면에서 모두 헌법에 위반된다. 이에 본 연구는 명의신탁 증여의제의 폐지를 제안한다.

본 연구는 이 제도의 폐지의 주요한 이론적 근거로서 차명 부동산 거래와 차명 예금 거래 제도와의 비교를 들고 있다. 차명 주식 거래는 대상 자산이 권리의 이전이나 행사에 등기·등록이 필요한 자산이라는 점에서는 차명 부동산 거래와 유사하고, 단체법적 성질의 법률관계에 있다는 점은 차명 부동산 거래 및 차명 예금 거래와 구별된다. 차명 계약의 유효성의 면에서 볼 때 차명 주식 거래와 차명 예금 거래는 차명 부동산 거래와 구별된다. 이들 차명 거래에 대한 세법 외의 제재와 세법상의 제재는 차명 거래의 사법상 유효성이나 대상 재산의 특성과 논리적인 연관성이 없다. 그럼에도 차명 거래에 대한 규율은 제각각이고 그 차별에 합리적 이유도 없다. 합헌론은 명의신탁 대상이 부동산인지 주식인지에 따라서 그 제재의 수단과 그 정도가 현저히 다른 이유를 설명하지 못하고 있고 단지 그 차이가 크지 않다고만 말할 뿐이다.

본 연구는 명의신탁 증여의제를 폐지하는 방안으로서 「주식실명법」을 제정하여 차명 주식 거래 자체를 금지시키는 방안을 제안한다. 다만 회사법 관계의 안정을 위해서 차명 거래의 유효성은 인정되어야 한다. 이 외에도 금전적 제재가 동반되어야 명의신탁을 이용한 조세회피나 탈법을 효과적으로 방지할 수 있다. 이 금전적 제재로서는 과징금을 둘 것을 제안한다. 금전적 제제로서 과징금을 두는 것이 여의치 않다면 차선책으로서 명의신탁 증여추정 제도를 둠이 바람직하다. 이 경우 조세회피 목적 부존재 요건은 존속의 이유가 없게 되므로 삭제함이 타당하다. 설령 존치되더라도 명의신탁 증여추정을 택하는 경우 조세회피 목적의 조세범위를 증여세에 국한시켜야 한다. 명의신탁 증여추정 제도는 회피되는 조세를 증여세에 한정하겠다는 것이 논리적으로 전제가 되기 때문이다.

13. 특수관계인으로부터의 용역 수입 시 부가가치세 과세에 관한 연구 : 과세표준 및 이전가격세제와의 조화를 중심으로

박설아*

국제무역은 1990년대 이후 완제품 중심의 무역구조에서 국제가치사슬에 기반을 둔 중간재 및 용역 중심의 무역구조로 변화하여 왔다. 이러한 국제통상환경의 변화에 따라 다국적기업 내부의 용역거래가 큰 폭으로 증가하였다. 그 과정에서 다국적기업은 용역의 이전가격을 인위적으로 형성하여 세부담을 절감하려는 경영전략을 세우기도 한다.

하나의 거래가격에 대해 소비과세와 소득과세가 서로 반대방향으로 작동하므로 이전가격행위는 어느 한 세목의 세수 감소가 아니라 조세중립성의 관점에서 접근해야 한다. 국제적인 경제위기로 직접세 세수가 감소하는 상황에서 각국이 세수확보를 위해 부가가치세율을 인상하고 있어 부가가치세의 중요성이 높아지고 있으므로, 이전가격행위를 부가가치세 중립성의 관점에서 고찰할 필요가 있다.

* 판사

부가가치세법은 용역의 수입을 과세대상에서 제외하면서 용역을 수입한 면세사업자 등에게 대리납부의무를 부과하여 부가가치세를 징수하고 있다. 부가가치세법상 대리납부규정은 징수절차에 관한 규정에 불과하여 납세의무 성립의 근거가 될 수 없고, 과세표준 및 세율에 관한 규정이 누락되어 있으며, 저가거래를 통해 부가가치세를 줄이더라도 이를 규제하지 못하여 부가가치세의 중립성이 훼손되는 문제가 있다.

이에 본 논문에서는 첫 번째 쟁점으로 특수관계인으로부터의 용역 수입시 이전가격행위를 통한 부가가치세회피를 방지하기 위해서 용역의 수입에 관한 부당행위계산 부인규정을 도입하는 방안을 살펴보았다. 완전한 매입세액공제 권한이 없는 자가 특수관계인으로부터 과세대상 용역을 수입하면서 대가를 지급하지 않거나 시가보다 부당하게 낮은 대가를 지급하는 경우에는 시가를 기준으로 부가가치세의 과세표준을 산정해야 한다. 이때 시가와 거래가격의 차액의 범위를 비율과 금액 기준으로 명시하여 부당성 여부를 판단할 수 있도록 해야 한다. 그리고 부당행위계산 부인규정과 이전가격세제의 특수관계인 범위를 통일시켜야 한다. 아울러 국내지점과 국외본점 또는 국외 다른 지점 간 용역거래도 부가가치세의 과세대상으로 삼고 부당행위계산 부인규정이 적용되도록 해야 한다. 이를 위해 '국내사업장의 국외 소재 본점 또는 지점'을 특수관계인의 범위에 포함시켜야 한다.

시가를 기준으로 과세표준을 산정함에 있어 원칙적으로 현행 부가가치세법상 부당행위계산 부인규정의 시가평가방법에 따르도록 한다. 당해 사업연도 중 비특수관계인에게 제공한 유사한 용역거래가 없어 용역의 시가를 산정하기 어려운 경우에는 이전가격세제의 정상가격 산출방법을 수용하도록 한다. 비교가능 거래가 없는 경우에는 보충적으로 EU 부가가치세 지침의 원가기준을 수용하는 것이 바람직하다.

한편 다국적기업이 국외특수관계인과 정상가격에서 벗어난 가격으로 용역 거래를 하는 경우 소득과세 측면에서 이전가격세제가 적용되어 이전가격이 조정된다. 이때 동일한 거래에 대해 부가가치세 과세를 위한 가격조정이 이루어지지 않는다면 부가가치세회피 또는 이중적 세부담의 문제가 나타날 수 있다. 부가가치세의 중립성이 훼손되는 것이다.

이에 본 논문에서는 두 번째 쟁점으로 특수관계인으로부터의 용역 수입시 소득과세를 위한 이전가격조정이 부가가치세에 미치는 영향을 분석하고 부가가치세 과세와 이전가격과세의 조화방안을 구체적으로 살펴보았다.

이전가격과세상 이전가격조정이 부가가치세에 직접적인 영향을 미칠 수 있는 경우는 완전한 매입세액공제권한이 없는 우리나라 사업자가 국외특수관계인으로부터 용역을 수입한 상황을 전제로 다음과 같은 경우이다. 첫째, 수출국의 일차조정으로 우리나라에 수입된 용역의 가격이 증액되어 우리나라에서 대응조정을 하거나 보상조정이 이루어진 경우로서 우리나라 사업자가 국외특수관계인에게 가격조정금을 지급하고 이를 당초 공급된 용역에 대한 추가대가 또는 별도의 용역 대가로 처리한 경우이다. 둘째, 우리나라에서 일차조정을 하거나 보상조정이 이루어져 우리나라에 수입된 용역의 가격이 감액된 경우로서 우리나라 사업자가 국외특수관계인으로부터 가격조정금을 지급받고 이를 당초 공급된 용역의 거래가격이 감소된 것으로 처리한 경우이다. 이때 가격조정금의 지급과 당초의 용역 또는 별도의 용역 사이에 실질적 · 경제적 대가관계가 인정된다면 부가가치세에 직접적인 영향을 미칠 수 있다.

부가가치세와 이전가격세제의 사후적 조정방안과 관련하여, 현행법상 이전가격조정을 이유로 부가가치세 경정청구를 할 수 있는지 해석상 혼란이 있으므로, 부가가치세법에 이전가격조정으로 인한 부가가치세 경정청구 및 수정신고 규정을 신설해야 한다. 그리고 부가가치세와 이전가격세제의 사전적 조정방안과 관련하여, 보상조정의 신뢰성을 확보하고 이전가격조정으로 인한 부가가치세 경정청구제도의 남용을 막기 위해서 잠정가격 신고제도가 도입되어야 한다. 또한 정상가격 산출방법 사전승인 과정에서 이전가격조정에 따른 부가가치세의 조정 여부 및 조정범위 등에 관하여 합의가 이루어진다면 부가가치세와 이전가격세제의 불일치 문제가 상당부분 해결될 수 있을 것으로 보인다.

14. 역외탈세 방지를 위한 조세범처벌법제의 개선에 관한 연구

정성윤*

경제질서의 세계화에 수반되어 국제적 자본이동이 용이해짐에 따라서 이에 편승한 역외탈세 문제가 심각하게 대두되고 있다. 역외탈세는 거주자 또는 내국법인이 국내외 소득을 경과세국 등의 소득으로 위장하는 방법으로 과세소득으로 신고하지 않는 결과로서 발생하는 탈세를 의미한다. 역외탈세는 주로 납세의무자, 역외소득의 유형과 귀속 등에 대한 국가 간 제도적 차이와 조세피난처 등의 과세정보 비공개 등을 악용하는 납세의무자들의 절세취지에서 발생되고 있다.

역외탈세는 재정권을 심각하게 침해할 뿐만 아니라 불법적인 국부의 역외반출이라는 또 다른 문제점을 안고 있기 때문에 반드시 근절되어야 한다. 그럼에도 불구하고 조세법률주의 속성상 역외탈세가 행해진 이후에 항상 사후적으로 적용하게 되는 조세실체법으로는 아무리 제도적으로 완벽하게 개선하더라도

---

* 검사

과세관청이 적용하는데 항상 발생하는 시차 때문에 적시적인 대응에는 한계가 있다. 제도적 측면에서 역외탈세의 근절을 위해서는 사후적인 조세실체법의 부단한 개선뿐만 아니라 사전 예방적인 차원에서 엄격한 조세범 처벌법제가 필요하다. 본 연구는 이러한 관점에서 역외탈세 근절이라는 잣대를 통하여 현행 조세범 처벌법제의 문제점들을 파악한 후 다양한 개선방안을 도출하는 것으로 진행하였다.

그 결과 조세범처벌법 등과 관련하여 다음의 결론을 도출하였다. 첫째 역외 과세소득의 조세포탈행위 주체와 관련한 납세의무자 해당 여부 판단 규정의 단순 및 명료화, 둘째 역외 과세소득 해당 여부와 관련하여 소득세법 체계의 실질과 형식 모두 순자산증가설로 전면 개편, 셋째 역외탈루 과세소득의 귀속과 관련하여 귀속여부에 대한 입증책임 전환규정의 신설, 넷째 조세포탈행위인 '사기나 그 밖의 부정한 행위' 정의규정 개정, 납세의무자 가장이나 귀속 위장 등을 예시 유형에 추가, 다섯째 역외탈세 조력자에 대한 별도의 처벌규정 신설 및 현행 공범 규정 등의 적극 운용, 여섯째 조세포탈죄에 대해 최소한 사기죄에 준하는 법정형 상향, 가중처벌하는 특정범죄 가중처벌 등에 관한 법률의 법정형 하향 개정, 일곱째 역외탈세 미신고 등의 심각성을 감안하여 조세포탈죄에 한해 미신고·과소신고·허위신고죄를 신설하고, 그 외 조세포탈죄 미수범도 처벌대상으로 하는 규정의 신설, 여덟째 조세포탈죄에 대한 단기 공소시효를 폐지하여 형사소송법 일반원칙에 의하도록 개선하는 등 조세범 처벌법령의 특칙 전면 폐지 등이다.

조세범처벌절차법 등과 관련하여, 첫째 실무상 역외 조세포탈죄 규모는 특정범죄 가중처벌 등에 관한 법률 적용대상인 연간 5억원 이상인 점 등을 고려하여 조세포탈죄에 관한 한 통고처분제도와 전속고발제도를 폐지하고, 둘째 세무공무원을 특별사법경찰관리로 지정하여, 형사소송법 절차에 따라 대인적 강제

수사 등 일체의 수사방법을 통해 역외탈세를 수사하며, 셋째 역외 조세포탈죄 등 조세포탈죄에 대한 조세범칙조사의무 및 혐의가 확인되면 필요적으로 고발하도록 하는 법령 개선 등이 필요하다.

조세범처벌 관련법령과 관련하여, 국세기본법상 역외탈세 정보공개 확대, 국세징수법상 역외탈세액과 벌금 징수 실효성 방안 제고, 국제조세조정에 관한 법률상 해외금융계좌신고제도 보완이 필요하다는 결론을 얻었다.

15. 국제적 디지털거래의 부가가치세 과세에 대한 연구

세계적으로 국제적 디지털 거래가 급증하고 있는 상황에서 각 과세관할권은 전통적인 상거래에 비해 국제적 디지털 거래에 대하여 소비지국 과세원칙을 실현하는 것이 용이하지 않다. 그에 따라 각 과세관할권에서의 세수 일실 및 국내외 사업자의 부가가치세 부담 여부에 따른 경쟁력 차이로 인한 조세형평성 문제가 대두되었다. 이러한 문제를 해결하기 위하여 OECD는 각국이 소비지국 과세원칙을 적용하여 국제적 디지털 거래에 대하여 소비지국에서 세원의 누락이 없도록 과세하여야 한다는 입장이다. 이에 부응하여, 우리나라는 2014.12.23.에 부가가치세법 제53조의 2를 신설하였다. 본 논문은 우리나라의 현행 부가가치세법이 국제적 디지털 거래를 소비지국에서 잘 포착하여 과세할 수 있도록 입법되어 있는지를 EU와 비교하여 살펴보고 미비한 점이 있다면 어떻게 개선하는 것이 좋은지에 대한 개선방안을 제시하는 것을 목적으로 한다.

본 논문에서는 먼저 국제적 디지털 거래에 대한 소비지국 과세원칙의 이론적 고찰, 우리나라와 EU의 국제적 디지털 거래에 대한 현행 부가가치세 제도를 살펴본 후, 우리나라의 국제적 디지털 거래에 대한 부가가치세 과세제도에 대한 문제점과 개선방안을 제시하였다.

우리나라는 부가가치세 과세에 있어 소비지국 과세원칙을 채택하여 적용하고 있고, 이는 국제적으로도 통용되는 규범이다. 국제적 디지털 거래에 대해서 전통적인 상거래와 비교하여 세금상의 차별이 존재하여서는 안 된다는 점에서 조세중립성은 준수되어야 할 핵심적인 과세원칙이다. 또한, 국제적 디지털 거래는 거래되는 상품의 형체가 없고 이동이 용이한 특성으로 인하여 과세요건, 소비지 결정, 납세의무자, 신고와 납부 방법에 있어서 명확성을 준수하여야 한다. 중립성과 명확성이 관철되지 않는 경우 의도하지 않은 국제적 이중과세 또는 국제적 이중비과세의 문제가 발생할 위험이 있다.

2014.12.23.에 입법하여 2015.7.1.부터 시행하는 부가가치세법 제53조의 2에 의하면 디지털화된 방식으로 거래되는 게임, 음악, 동영상, 소프트웨어 등은 '전자적 용역'으로 정의되며, 이를 직접적으로 공급하는 해외 사업자 또는 중개의 역할을 하는 해외 오픈마켓 사업자가 납세의무자가 되어 간편사업자등록을 통하여 국내에서 부가가치세가 과세된다. 한편, EU는 상기의 디지털 상품 등을 '전자적으로 제공되는 용역'으로 정의하고 원거리 통신 용역, 방송용역과 구분하여, 이에 대한 상세한 열거적 예시 규정을 두고 있다. EU에서는 2015.1.1. 이후 EU 역내외, B2B/B2C 거래 구분 없이 소비지국 과세원칙을 적용하고, 소비지 결정에 대한 상세한 규정을 두고 있다. 중개의 역할을 하는 사업자를 납세의무자로 추정할 수 있도록 하고 있으며, 외국인 간편사업자등록 제도를 이용하여 신고와 납부를 할 수 있도록 하고 있다.

우리나라의 '전자적 용역'에 대한 과세규정은 시행시기를 2015. 7.1.로 하여 곧 시행을 앞두고 있으나 다음과 같은 여러 가지 문제점이 있다. 첫째, 과세대상 거래에 대하여 일부 항목에 대하여 기존에 적용되었던 면세 규정이 계속 적용되어야 함에도 불구하고, 그 적용 여부가 불명확한 점, 과세대상 거래 범위가 너무 광범위하고 추상적인 점, 과세대상에 공급받는 자가 과세사업자인 경우도 포함되는지 여부가 불명확한 점이다. 둘째, 디지털 거래에 대하여 소비지 결정에 대한 상세한 규정이 없으며, 일반적인 거래에 대한 현행 규정도 '사용' 또는 '소비'를 한 장소에서 과세를 하는 소비지국 과세원칙을 실현하는데 문제가 있다. 셋째, 중개의 역할을 하는 해외 오픈마켓 사업자를 납세의무자로 간주하고 있어서, 원래의 공급자가 국내의 소비자에게 직접 공급하는 것이 명백하여 간주 규정이 적합하지 않은 경우에도 적용되는 문제점이 있다. 간편사업자등록에 대하여 홍보 및 정확한 지침이 없고, 매출액/거래 횟수와 관계없이 신고 및 납부 의무가 있으며, 국제적인 정보 수집에 대하여 준비가 미약한 점 등의 실무적인 문제점도 많다. 따라서 이러한 문제점들에 의하여 소비지국 과세원칙의 실현이 보장되지 않으며, 중립성과 명확성을 충족시키지 못하고 나아가 국제적 이중과세 및 이중비과세의 문제가 발생할 위험이 있다.

이러한 문제점을 개선하기 위해서 다음과 같은 개선방안을 제안한다. 첫째, 전자적 용역에 대하여 면세 적용 여부가 불명확하여 논란의 여지가 있는 항목에 대해서는 면세가 적용됨을 명확히 하여 입법하는 것이 중립성과 명확성 측면에서 바람직하다. 또한, 전자적 용역에 대한 정의 및 예시를 두어 지나치게 추상적인 현행의 규정을 구체적으로 개선하고, 과세사업자에 대하여 제공되는 전자적 용역은 과세대상 거래에서 제외하도록 해당 조문에 명시하여야 한다. 둘째, 소비장소에 대하여 우선, 소비지국 과세원칙에 부합하도록 일반적인 원칙과 관련된 조항을 개정하고, 디지털 거래와 관련하여서는 B2B/B2C 거래로 구분하여 EU의 입법례를 참고하여 별도의 규정으로 상세하게 정하여야 한다.

셋째, 납세의무자는 중개인이 존재하는 경우에 간주가 아닌 추정 규정으로 전환하여 중개인인 해외 오픈마켓 사업자가 부당하게 납세의무자로서의 부담을 지게 되는 폐단을 막아야 한다.

조세실무적인 관점에서는 간편사업자등록에 대하여 관련 해외 사업자들에게 충분히 홍보하고, 자세한 지침을 마련하여 필요할 경우 시행시기를 조정하고, 간편사업자등록에 대한 기준금액을 두어 합리적이고 효율적으로 운용하는 것이 필요하다. 나아가서, 국제적으로 정보를 수집·교환하고, 국제 협력의 문제에 있어서는 기존의 제도적 장치를 충분히 활용하는 개선방안이 필요하다. 또한 외국 사업자의 신고와 납부를 용이하게 하도록 상담을 지원하는 전문 인력을 과세관청에 배치하고, 국제적으로 통일된 데이터베이스를 이용하는 것이 개선방안이 될 것이다.

이러한 문제점에 대한 인식과 개선방안의 실행을 통하여, 국제적 디지털 거래에 대해서도 전통적인 상거래에서와 마찬가지로 소비지국 과세원칙을 실현하고, 조세중립성을 확보하며, 과세요건 등에서 명확성을 추구할 수 있다. 나아가 부가가치세법 제53조의 2의 도입 취지인 국제적 디지털 거래에 대한 세수 일실의 문제를 해결하고, 국내외 사업자에 대한 과세 형평성을 제고하며, 국제적 이중과세 및 이중비과세의 문제도 방지할 수 있을 것이다.

16. 특정외국법인세제에 관한 연구 :
해외배당소득의 원천지 과세제도로의 전환을 중심으로

마영민*

우리나라가 1995년 국제조세조정에 관한 법률("국조법")에서 특정외국법인세제를 도입한 지도 어느덧 20년이 지났다. 지난 20년은 인터넷으로 대변되는 산업계의 변혁과 수차례의 금융위기를 겪으면서 이전 시대와는 전혀 다른 글로벌 경쟁 환경이 형성되는 시기였다.

본 논문에서는 이와 같은 글로벌 경쟁 환경에서 특정외국법인세제와 그 근간이 되는 해외배당소득 과세제도가 어떻게 변화하고 있는지에 관하여 국제적 추세를 살펴보고 우리나라의 현행제도와 주요 국가의 제도를 비교 분석하여 우리나라 현행제도의 문제점과 그에 따른 개선방안을 제안하고자 한다.

글로벌 경쟁 환경에서 다국적 기업들은 새로운 투자를 실행함에 있어 가능한 모든 조세환경을 쇼핑하여 가장 유리한 곳에서 투자를 집행하는 것을 당연시 받아들이고 있다. 심지어는 조세목적으로 모기업이전을 하는 것도 배제하지

---

* 공인회계사

않는다.

이에 따라 국제조세환경도 대변혁이 이루어졌다. 자국의 기업에 대해서는 글로벌 경쟁 환경에서의 경쟁력을 지원하고 타국의 기업들은 자국으로 투자를 유치하기에 유리한 조세제도를 구축하려는 국가 간 조세경쟁이 발생하고 있는 것이다.

해외배당소득 과세와 관련하여 원천지 과세제도가 성행하는 국제적 추세는 대표적인 국가 간 조세경쟁의 결과이다. 2015년 현재 OECD 34개 국가 중 28개 국가가 원천지 과세제도를 운영하고 있어 해외배당소득에 대한 과세면제는 이미 피할 수 없는 국제적 추세라고 할 수 있다.

해외배당소득에 대하여 원천지 과세제도를 도입한 국가들은 다른 해외소득은 과세를 하면서도 해외배당소득에 대해서만 과세면제를 하는 경영참가소득 과세면제로 운영하고 있다. 그 이유는 배당소득이 다른 소득들과는 달리 능동 사업 활동의 결과물이기 때문에 기업경쟁력 지원을 위하여 과세를 하지 않겠다는 측면과 더불어 배당소득이 가지는 본질적인 경제적 이중과세의 문제 때문이라고 할 것이다.

반면, 우리나라의 현행 제도는 이러한 국제추세와는 달리 해외배당소득에 대하여 과세를 하는 전세계소득 과세제도를 유지하고 있는데 우리나라의 교역비중을 감안할 때 과연 우리에게 맞는 제도인지는 의문이다.

한편, 각 국의 특정외국법인세제는 단순히 해외소득 유보를 통한 과세이연을 방지하겠다는 소극적 취지에서 이미 벗어나서 자국의 소득을 인위적으로 해외로 이전하는 행위를 방지하겠다는 적극적 취지의 조세회피 방지로 진화하고 있다.

해외배당소득에 대하여 원천지 과세제도를 운영하는 OECD 28개 국가 중 18개 국가가 전환이전에 운영하고 있던 특정외국법인세제를 제도 전환 이후에도 보완하여 유지하거나 또는 전환 이후에 새로 도입하고 있는데, 이러한 사실들은 특정외국법인세제가 해외배당소득에 대한 과세면제를 하더라도 조세회피와 과세면제의 남용방지를 위한 목적으로 진화하여 운영되고 있음을 명확히 보여주는 것이다. OECD 역시 BEPS 프로젝트를 진행하면서 특정외국법인세제의 조세회피 방지 기능에 대하여 주목하여 미 도입국가에는 도입을 권하고 기 도입국가에는 좀 더 조세회피방지목적에 충실한 제도로의 수정에 대한 권고안을 마련하고 있다.

특정외국법인세제가 조세회피방지 목적으로 사용되기 위해서는 기업경쟁력을 저해하지 않도록 하여 중립성을 확보하여야 할 것이다. 미국, 영국, 일본의 사례를 보더라도 적어도 기업의 능동활동에 대해서는 과세되지 않게끔 과세소득의 범위를 명확하고 목적적합하게 설계하고 있다. OECD 역시 특정외국법인세제에서 가장 중요한 요소는 과세되는 소득의 범위를 명확하게 하는 것이라고 보고 있다.

반면, 우리나라의 현행 특정외국법인세제는 이와는 달리 과세소득의 범위를 너무 넓게 규정하고 있어 조세회피방지 목적을 벗어나고 있는 실정이다. 특히 2014년 기존의 실체기준 방식에 더하여 5%초과 수동소득 과세를 하는 거래기준 방식을 도입함으로써 전세계에서 가장 넓은 범위의 과세소득을 규정하는 국가 중 하나가 되었다.

이에 본 논문은 우리나라의 현행 특정외국법인세제와 그 연계제도인 해외배당소득 과세제도와 관련하여 다음과 같이 개선방안을 제안한다.

먼저, 현행 해외배당소득 과세제도의 개선과 관련해서는 원천지 과세제도로의 전환, 이에 따른 제도 보완으로써 유보소득에 대한 일회성 과세 도입, 전세계차입금한도 도입, 내국법인간 배당소득 익금불산입 제도 보완을 제안하고 있다.

첫 번째, 해외배당소득 과세제도와 관련하여 25%이상 지분을 소유하고 있는 해외자회사로부터 수령하는 배당소득에 대해서는 100% 과세면제를 하는 경영참가소득 과세면제제도의 도입을 제안하고 있다. 이러한 제안을 하는 이유는 현행 제도가 우리나라 국제조세제도의 경쟁력을 낮추고 있으며 국제적 추세와 동떨어진 측면이 있기 때문이다. 오히려 배당에 대한 봉쇄효과 때문에 모기업의 차입금 과다사용을 초래하여 이자비용으로 인한 세수의 일실을 초래할 수도 있다. 해외배당소득은 해외에서의 능동 사업 활동과정에서 창출된 소득이며 경제적 이중과세를 조정해야 한다는 측면도 고려되었다.

두 번째, 경영참가소득 과세면제제도 도입을 하는 경우, 유보소득에 대해서는 일회성 과세를 하되, 90% 일괄 공제와 과세소득의 80%이상을 5년 이내에 기계장치나 특허권 등의 취득에 사용하는 경우에는 과세에서 제외하도록 할 것을 제안하고 있다. 이 제안은 경영참가소득 과세면제제도 도입시점의 해외유보소득에 대하여 일회성 과세를 함으로써 해외소득을 이미 배당하여 과세되었던 다른 납세자와의 형평을 달성하기 위함과 동시에 해당 자금의 국내에의 선순환 투자를 유도하기 위함이다.

세 번째, 경영참가소득 과세면제제도 도입을 하는 경우, 전세계차입금한도 제도를 도입하여 한도를 초과하는 이자비용에 대해서는 손금부인을 할 것을 제안하고 있다. 이 제안은 해외배당소득에 대하여 과세면제 되어 과세소득이 없음에도 불구하고 모기업이 해외투자를 위하여 자금을 과다 차입하여 이자비용을 공제하는 불합리한 경우를 방지하기 위한 것이다.

네 번째, 경영참가소득 과세면제제도 도입을 하는 경우, 해외배당소득과 동일하게 25%이상 지분율 법인으로부터 내국법인간 배당을 받는 경우에도 전액 익금불산입 하도록 내국법인간 배당소득 익금불산입 제도의 수정을 제안한다. 이는 해외배당소득이 있는 납세자와 내국법인 배당소득이 있는 납세자간 형평을 고려하여 제안하는 것이다.

다음으로, 현행 특정외국법인세제의 개선과 관련해서는 조세회피방지 목적에 부합하도록 과세소득 요건 개선, 경영참가소득 과세면제제도 도입에 따른 개선, 현행 제도의 운영상의 문제점 개선을 제안하고 있다.

첫 번째, 실체기준방식과 거래기준방식을 결합 사용하는 것을 개선하여 조세회피방지목적에 부합하고 경쟁 중립성에 더 충실한 거래기준방식만을 사용할 것을 제안하고 있다. 현행 제도는 거래기준방식에 의하여 수동소득을 과세하면서도 다시 실체기준방식에 따라 능동소득에 대해서도 과세를 하게 되어 조세회피 방지 목적을 벗어나 과도하게 과세하는 문제가 있어 개선이 필요하다. 실제 이익이전을 통한 조세회피를 방지하는 목적으로는 거래기준방식이 이론상 더 타당한 점, 미국과 영국의 거래기준방식 운영 사례 및 OECD 공개초안에서도 거래기준방식이 BEPS 방지에 더 적합하다고 보고 있음을 감안하여 실체기준방식을 폐지하고 거래기준방식만을 적용할 것을 제안한다.

두 번째, 특정외국법인이 능동사업을 수행하면서 발생하는 수동소득에 대해서는 과세 제외할 것을 제안하고 있다. 이 제안은 특정외국법인이 스스로의 인적 물적자원을 투여하여 능동적 사업활동을 수행하는 수동소득 창출은 사실상 이익이전의 목적보다는 진정한 사업활동의 수행에 해당하므로 조세회피방지 취지에 맞지 않아 과세에서 제외하도록 한 것이다.

세 번째, 조세회피의도 요건을 도입하여 납세자가 이를 입증할 수 있음을 전제로 과세 제외할 것과 동시에 과세면제의 경우에는 조작된 약정에 의하여 조세회피를 하는 경우에는 면제를 배제할 수 있도록 제안하고 있다.

네 번째, 경영참가소득 과세면제제도 도입과 관련하여 우리나라 활동과 무관한 소득에 대해서 과세 제외할 것을 제안하고 있다. 이 제안은 경영참가소득 과세면제를 도입하는 경우 원천지 과세제도의 취지에 맞게끔 우리나라에서 이전되는 이익에 대해서만 과세하도록 과세소득의 범위를 재조정하는 목적으로 제안한 것이다.

다섯 번째, 경영참가소득 과세면제제도 도입과 관련하여 특정외국법인이 25% 지분율 법인으로부터 수령한 배당소득은 특정외국법인의 과세소득에서 제외하도록 개선한다.

그 외, 현행제도의 운영상의 문제점 개선을 위해서는 다음의 개선을 제안하고 있다.

i) 현행 제도는 특정외국법인의 지배에 대한 정의를 국조법상 특수관계에 근거하여 판단하고 있는데, 다양한 약정을 통하여 실질적인 지배를 하는 현실을 감안하여 특수관계기준 이외에도 실질지배기준을 추가하여 운영하도록 개선한다.

ii) 현행 제도는 특정외국법인의 실질적 관리장소가 달리 있는 경우에는 과세당국의 임의적인 판단에 의하여 실질적 관리장소를 특정외국법인의 거주지로 결정할 수 있는데, 이를 과세당국뿐만 아니라 납세자도 실질적 관리장소를 특정외국법인의 거주지로 주장할 수 있도록 개선한다.

iii) 저세율국가 요건 판단시 특정외국법인이 부담한 세액의 범위에 거주지국가에서 특정외국법인이 도관으로 취급되어 주주가 직접 부담한 세액이 있는 경우에는 이를 포함하도록 개선한다.

iv) 저세율기준으로 15%라는 일률적 세율적용 대신 우리나라에서 세금을 부담하는 경우 부담하여야 할 세액의 일정비율로 하도록 개선한다.

v) 이중과세의 조정과 관련하여 중도 취득한 경우 영업권을 감안하여 배당간주액을 조정하는 것으로 개선한다. 또한, 특정외국법인의 주식을 처분하거나 해산할 때 발생하는 소득에 기 과세된 배당간주액이 포함된 경우에는 이에 대해서도 이중과세 조정을 하는 것으로 개선한다.

17. 장학재단의 과세제도 개선에 관한 연구

안병석*

국민이 누려야 할 교육기회의 균등한 보장이라는 「헌법」상의 권리를 실현시키기 위해 국가는 의무교육의 실시와 함께 교육제도 및 그 운영과 교육재정에 관한 사항을 법률로 정함으로써 이를 제도적으로 확립하여야 한다. 이에 따라 「교육기본법」에서는 국가와 지방자치단체에게 교육재정의 안정적 확보를 위한 시책의 수립의무와 장학금제도 및 학비보조제 등의 실시의무를 지우고 있다. 그러나 이러한 국가의 각종 지원에도 불구하고 소득수준에 따른 교육기회의 양극화현상은 항상 사회문제로 대두되고 있다.

장학사업은 이를 위한 공공 및 민간에서의 제도적 공익활동이다. 즉, 광의의 장학사업이란 학업의 지속을 원하지만 경제적 이유 등으로 소외된 자들에게 학업을 권장하는 일체의 제도적 활동을 의미하며, 협의의 개념으로는 학업의 유지와 권장을 위한 학자금 등의 급부행위를 의미한다. 이러한 장학사업은 그 수행의 주체에 따라 국가 또는 지방자치단체의 공적 장학사업과 민간의 영역에서

---

* 세무사

행하는 장학사업으로 구분된다. 그러나 대부분의 장학사업은 국가를 대신한 민간조직이 직·간접적으로 수행하고 국가는 이에 대해서 조세혜택 등의 인센티브를 제공하는 양태가 오늘날의 일반적인 흐름이다. 그 이유는 제도적·재정적인 면에서 또는 효율성 측면에서 민간의 영역이 더 효과적이라는 경험적 판단에 의한 것이다. 오늘날 그 중심에 있는 단체가 재단법인 형태의 장학법인이다. 2013년도의 통계에 의하면 우리나라의 학술·장학단체의 비율은 종교법인을 제외한 전체 공익단체의 28.7%로 가장 많은 비중을 차지하고 있는 것으로 나타났다.

그러나 장학단체의 이러한 양적 비중만큼이나 이들이 공익활동이 비례적이지 않다는 것이 일반적인 평가이다. 많은 경우 명목상으로만 공익을 표방하여 장학재단을 설립하였지만, 그 실질은 재산출연을 통한 조세회피 또는 주식출연을 통한 기업지배력 유지 등의 방편으로 장학재단을 이용하고 있다는 것이다. 이는 곧 법인의 설립 후 소극적 공익활동으로 이어지는 문제점을 지니게 된다. 장학재단의 이러한 비공익적 활동의 이면에는 상당부분 설립근거법 또는 세제상의 제도적 허점에서 기인하는 것으로 판단된다. 즉, 재산출연에 대해서 이미 세제혜택을 누린 장학재단이 법인설립 이 후에도 그 설립목적대로 충실히 장학사업 등의 공익활동을 수행하고 있는지에 대한 검증시스템과 사후관리제도가 현행 법령체계 내에 충분히 마련되어 있지 않다는 문제를 지니고 있는 것이다. 여러 문제점 중 하나가 장학재단의 재산 대부분을 항구적으로 '기본재산'에 묶어 두고, 그 '기본재산'의 처분을 주무관청의 허가라는 매우 까다로운 절차로 봉쇄함으로써 오로지 과실소득 등으로만 장학활동을 하도록 하는 것이다.

장학재단은 장학사업의 특성상 그 목적사업을 영위하기 위하여 특별한 시설을 필요로 하지 않는 공익법인이다. 그러므로 장학재단의 경우에는 특별히 출연재산의 처분을 엄격하게 규제하여야 할 이유가 없는 것이고, 따라서 다른 공익법인과는 달리 취급되어야 하는 것이다. 그럼에도 불구하고 장학재단에 속해 있는 소유재산의 대부분을 직접적인 장학금 지급의 재원으로 사용하지 못하도록 현행 법령에서 규제하고 있는 모습은 장학재단이 소극적으로 공익사업을 할 수 밖에 없는 요인이 되고 있는 것이다.

이와 관련한 여러 유형의 문제점을 사례별로 살펴보고 그 개선방안을 제시한다.

첫째, 장학재단의 설립시 '기본재산'으로 출연되어야 할 최저한의 재산출연 제도는 '보통재산'의 경우에도 동일하게 적용되어야 하고, 그 수준은 '기본재산'의 최저출연수준을 상회하도록 개선하여야 한다. 그 이유는 장학사업을 수행함에 있어서 직접적으로 사용가능한 재원은 '보통재산'에 한정되어 있으므로, 이를 법제화하여야만 자율적이고 능동적인 장학사업을 기대할 수 있기 때문이다. 한편, 장학재단이 무수익자산 출연에 대해서는 특별한 제한을 받지 않는 문제점에 있어서는 무수익자산의 처분요구 권한을 주무관청에게 부여하는 방안이 필요하며, 공익활동을 소극적으로 행하거나 사실상 공익활동을 중단하고 있는 장학재단에 대해서는 법인설립허가를 취소하는 입법적 개선방안이 필요하다.

둘째, 장학재단의 자산소유 구조가 장학금의 재원창출이라는 측면에 있어서 지극히 비효율적인 문제와 관련해서는 미국의 IRC 제4942조에서 규정하고 있는 것과 같은 유보소득 과세제도를 도입할 필요가 있다. 이는 순투자자산의 일정율 이상을 장학금 지급에 활용하도록 함으로써 무수익자산에 대한 문제를 해결할 수 있기 때문이다. 그리고 방만한 수익사업의 경영으로 인해 공익재원이 감소되거나 과다 인건비의 지출 등을 막기 위한 제도로서 장학재단의 전체 비용 중 장학금의 지출비율을 일정율 이상으로 강제하는 기준을 마련할 필요가 있다. 또한 주식을 보유할 뿐 배당실적이 없는 주식에 대해서는 주식출연시 부여받은 증여세 면제 등의 세제혜택을 박탈하는 개선방안도 필요하다. 배당실적이 없는 주식은 공익에 전혀 공헌하지 않는 자산이기 때문에 이에 대해서는 증여세를 면제할 이유가 전혀 없는 것이기 때문이다. 아울러 현행의 '선감면 후사후관리' 제도는 그 공익적 활동과 연계시켜 감면을 행하는 '선과세 후비례적 감면'으로의 제도개편이 필요하다 할 것이다.

셋째, '기본재산'의 처분을 통한 장학사업의 활성화를 위해 출연재산과 '기본재산'의 개념을 달리하는 제도개선이 필요하다. 즉, 일본의 사례와 같이 출연재산의 최소기준을 법제화하는 한편, 이를 제외한 자산은 모두 그 처분이 가능하도록 '기본재산' 제도를 폐지하여야 할 것이다. 이는 기존의 '기본재산'을 처분함에 있어서 사적자치를 완전히 허용하는 것을 의미하게 되므로 장학재단의 공익활성화에 크게 기여하는 효과가 있게 되는 것이다.

넷째, '고유목적사업준비금' 제도에 있어서 장학재단에 대해서는 그 손금산입허용율을 현행보다 더 우대하는 제도개선이 요구된다. 일반적인 비영리법인과 동일한 수준으로 손금산입하도록 규정한 현행의 '고유목적사업준비금' 제도는 그 공익성에 따라 손금산입비율을 차등적용할 필요가 있기 때문이다. 아울러 이자소득 등의 소위 소극적 소득에 속하는 것은 원천적으로 법인세를 비과세하는 방안이 필요하다. 한편, 장학재단이 사립학교 등에 장학금을 지출하는 경우 이를 '법정기부금'으로 보고 있는데, 이를 '고유목적사업준비금'을 사용한 것으로 보도록 개정하여 장학금 지급범위를 확대할 필요가 있다.

끝으로, 장학재단의 주식취득 규제제도를 현행의 5% 등에서 이를 더욱 완화할 필요가 있다. 공익법인에 주식을 출연함으로써 이를 지주회사로 활용하고자 하는 것을 방지하려고 제정한 현행의 주식취득 제한규정은, 현재에 이르러서는 그 규제의 이유가 상당부분 해소된 상황이기 때문이다. 구체적으로 주식취득의 허용범위를 20% 정도로 상향조정하는 입법적 개선이 바람직하다 할 것이다. 이와 함께 공익을 위해 출연된 주식의 처분유예를 모든 장학재단에게 허용하는 한편, 주식출연 후 해당 주식발행기업의 배당비율을 높이기 위해 장학재단의 주식취득의 허용비율을 배당성향과 연계하여 이를 차등적용하는 입법적 개선방안도 필요하다.

18. 증여세 완전포괄주의에 따른 법체계 정비에 관한 연구 : 과세대상과 증여재산가액 산정의 구분을 중심으로

김홍철*

구 상속세 및 증여세법(2003. 12. 30. 법률 제7010호로 개정되기 전의 것)에는 증여의 개념에 관한 정의 규정이 없었고 민법상 증여의 개념을 차용하였다. 민법상 증여의 형식에 의하지 않은 부의 무상이전, 즉 변칙적인 증여를 통한 증여세 회피를 방지하기 위해 여러 증여의제규정(제33조 내지 제42조)을 두었지만 법원은 이를 엄격하게 해석하였고, 다양한 변칙증여를 증여의제규정으로 방지하는데 한계가 있었다.

이러한 증여의제 규정만으로는 새로운 유형의 변칙 증여에 미리 대처할 수 없는 문제점이 지적되었고, 공평과세를 구현하기 위하여 2003. 12. 30. 법률 제7010호로 상속세 및 증여세법을 개정하여 세법상 증여의 개념을 신설하면서, 제33조 내지 제42조에서 종전의 증여의제 규정의 내용을 보완하여 증여재산가액의 계산에 관한 예시규정으로 전환하였다.

---

* 변호사, 공인회계사, 전 국세청 근무

세법상 증여의 개념을 신설하여 과세대상을 확대하면서도 다시 법조문으로 증여에 대한 개별예시규정을 두는 이러한 특이한 입법구조는 법적안정성과 예측가능성을 제고하면서 변칙적인 상속·증여에 대해서는 사전적으로 대처하도록 하기 위한 것이지만, 포괄규정과 예시규정과의 관계 및 해석이 불명확하여 오히려 과세가능 여부를 둘러싸고 분쟁이 빈번하게 발생하고 있고, 특히 대부분의 증여의제규정을 그대로 예시규정으로 전환하면서 기존의 판례와 해석을 통해 체계화된 사항들과 새롭게 들어온 규정들이 혼란스럽게 뒤섞여 있어 전문가조차도 현행 규정을 제대로 해석, 적용하기가 쉽지 않은 상황이다. 즉, 예시규정들이 비교적 구체적으로 자세하게 규정되어 있으나 이에 해당하지 않는 경우에도 포괄규정을 적용하여 증여세를 과세할 수 있는지에 대하여 과세관청, 조세심판원, 법원에서도 견해가 나뉘고 있고, 최근에는 증여대상에 해당하나 증여재산가액을 산정할 수 없다는 취지의 판결이 계속적으로 증가하고 있다.

기존에는 새로운 변칙증여가 발생할 때마다 이를 대처하기 위하여 새로이 증여의제규정을 신설하면서 구체적으로 증여대상을 특정하였고 위 특정된 증여대상에만 적용되는 증여재산가액 계산 방식도 함께 규정하였다. 그런데 증여세 완전포괄주의를 도입하면서 세법상 증여 개념을 신설하여 증여대상을 확대하면서 새로운 증여재산가액 계산규정을 신설하는 대신, 기존의 증여의제규정을 증여재산가액의 계산에 관한 예시규정으로 전환하였다. 이에 예시규정의 특정된 증여대상의 이외의 증여는 직접적인 증여재산가액 계산규정이 없어 예시규정의 증여재산가액 계산규정을 적용 또는 유추적용할 수 있는지에 대하여 견해가 나뉘고 있다. 특히 현행 규정은 예시규정의 증여재산가액 계산규정을 적용 또는 유추적용 가능하더라도 어느 예시규정을 적용하여야 하는지에 대하여 전혀 예측할 수 없어 결국 과세관청에 의한 자의적 과세가 가능하게 되어 법정안정성과 예측가능성 측면뿐만 아니라 공평과세의 측면에서도 바람직하지 않은 실정이다.

이러한 문제점을 해결하기 위하여 과세관청은 2013. 1. 1. 증여재산가액 계산의 일반원칙에 관한 규정을 신설하였다. 그러나 증여가액 계산 규정을 위해서는 반드시 증여재산 가액의 평가방식에 대한 명확한 규정이 필요하나 새로이 신설된 일반적인 증여재산가액 계산규정은 기존의 상증법 제4장과 예시규정을 직접 또는 유추적용한다고 할 뿐, 부의 유형별로 평가규정을 두고 있지 않아 어느 예시규정을 직접 또는 유추적용하여야 하는지 예측할 수 없어 현행 규정의 문제점을 해결하는데 한계가 있다. 또한 과세관청은 변칙적 증여 방지를 위해 증여세 완전포괄주의 이후에도 예시규정을 개정하고 있으나, 이러한 입법태도는 새로운 변칙증여가 포괄규정으로 증여대상에 해당한다 할지라도 증여재산가액을 산정할 수 없어 증여세를 과세할 수 없는 현행규정의 문제점을 고스란히 담고 있어 일시적 처방에 불과하다. 예기치 못한 변칙증여를 방지하지 못하기 때문이다.

따라서 현행 규정의 문제점의 보다 근본적인 해결을 위해서는 예시규정을 증여대상과 증여재산가액 계산규정으로 구분하고 별도로 규정하고, 증여재산가액 계산규정은 일반적인 계산원칙과 부의 유형별 평가규정으로 다시 구분하여 규정할 필요가 있다. 이러한 새로운 규정은 포괄적인 증여대상 규정과 포괄적인 증여재산가액규정 및 평가규정의 형식으로 입법하는 것이 바람직한데, 이와 같은 개선과 정비를 통하여 현행규정이 갖는 해석상 혼란과 증여재산가액을 산정할 수 없어 과세할 수 없는 문제를 상당부분 해결할 수 있는 것으로 보인다.

19. 세법상 배당소득의 범위에 관한 연구

김종근*

　각종 소득은 담세력, 성질 및 발생형태 등이 다르다. 이러한 소득별 차이를 반영하여 가장 적절하게 과세하기 위해서는 정확한 소득구분 내지 소득분류가 전제되어야 한다. 최근의 금융소득 과세에 관한 논의들에도 불구하고 배당소득은 이자소득 및 자본이득과의 소득구분이 여전히 필요하다.

　그런데 소득세법 제17조 제1항 제9호에 규정된 "수익분배의 성격을 가진 것"이라는 배당소득에 관한 소득구분의 기준은 수익의 지급자 및 수령자에 대한 요건을 포함하고 있지 않아 이에 의해 배당소득에 들어가야 할 것과 그렇지 않은 것을 구분하게 되면 배당소득의 범위가 너무 광범위해질 염려가 있다.

　배당소득은 전통적으로 이중과세 조정과 배당지급자에 대한 비용 불인정을 특징으로 하는 소득이다. 하지만 위와 같은 소득구분의 기준 때문에 소득세법에 열거된 배당소득의 범위에는 전통적인 배당소득의 개념을 충족하지 못하는 이질적인 소득들이 혼재되어 있다. 이로 인하여 배당소득에 대한 과세방식이

---

*　전 검사

다양하고 복잡해져 소득구분의 의미가 퇴색되고 있다. 또한, 현행 소득세법상 배당소득은 국제적인 배당소득의 개념과도 상당한 괴리가 있다.

이에 본 연구에서는 연혁적 및 비교법적 고찰을 통해 바람직한 세법상 배당소득의 개념을 정립함으로써 소득세법상 배당소득에 관한 올바른 소득구분의 기준을 제시하고자 하였다. 이때 소득구분의 기준은 가능한 한 국제적인 배당소득의 개념에 부합되는 방향으로 설정하고자 하였다.

세법상 배당소득이란 일반적으로 과세실체로 인정되는 사업체에 의해 주주(소유주)의 지위 그 자체에 의거하여 그 사업체의 이익이 주주(소유주)에게 이전된 것으로 정의하는 것이 바람직하다. 이에 따라 배당소득은 ① 지급자 요건 ② 수령자 요건 ③ 분배재원 요건 ④ 분배 요건 등 4가지 요건을 갖추어야 한다. 각 요건의 핵심내용은 다음과 같다. 배당을 지급하는 주체는 독립적으로 과세객체가 되는 또는 독립적인 과세실체로 인정되는 불투명 사업체(non-transparent entity)여야 한다. 배당소득의 수령자는 독립적으로 과세되는 불투명 사업체의 주주 또는 지분권자여야 한다. 분배재원은 사업체의 이익이어야 한다. 그리고 사업체의 이익이 주주 또는 지분권자에게 분배되어야만 배당소득이 실현된다.

위와 같은 세법상 배당소득의 개념과 우리나라 및 주요국의 배당소득 과세제도를 분석한 결과를 토대로 소득세법상 배당소득의 범위에 관한 입법론적 개선방안을 다음과 같이 제시할 수 있다.

첫째, 배당소득의 요건을 충족시키지 못하므로 배당소득의 범위에서 제외하여 다른 소득으로 구분함이 상당한 소득으로는, i) 유형별 포괄주의 조항에 따른 소득으로서 소득세법 시행령 제26조의3 제1항 각호에 규정된 파생결합증권으로부터 발생하는 수익 및 같은 조 제4항에 규정된 주식대차거래에서 대여자가 차입자로부터 받는 배당금 상당액, ii) 익명조합원의 손익분배비율에 따른 배분 금액, iii) 과소자본세제상 소득처분에 의한 배당소득 등이 있다.

파생결합증권으로부터 발생하는 수익과 주식대차거래에서 대여자가 차입자로부터 받는 배당금 상당액은 세법상 배당소득의 수령자 및 분배재원 요건을 충족시키지 못한다. 또한, 위 두 소득을 소득세법 제17조 제1항 제9호에 따른 배당소득으로 규정하고 있는 동법 시행령 제26조의3 제1항 각호 및 같은 조 제4항은 상위규정인 동법 제17조 제1항 제9호 및 같은 조 제6항의 위임범위를 넘어서는 법체계상의 문제가 있다. 따라서 위 두 소득을 배당소득의 범위에서 제외하되, 전자는 양도소득 또는 금융투자소득(신설)으로 과세하는 것이 더 타당하고, 후자는 기타소득으로 과세하는 것이 타당하다.

익명조합원의 손익분배비율에 따른 배분 금액은 세법상 배당소득의 지급자 요건과 수령자 요건을 충족하지 못한다. 이에 대한 소득구분은 획일적으로 할 것이 아니라 익명조합계약의 성격에 따라 결정함이 타당하다. 원칙적으로 이를 기타소득으로 과세하되, 익명조합이 동업의 성격이 약하여 채권·채무관계에 가까운 경우는 이를 이자소득으로, 익명조합이 동업의 성격이 강하여 공동사업으로 볼 수 있는 경우는 이를 영업의 내용에 따라 사업소득 등으로 과세함이 타당하다.

과소자본세제상 소득처분에 의한 배당소득은 수령자 요건과 분배재원 요건을 충족시키지 못한다. 따라서 초과 부채 부분에서 발생하는 이자는 이를 그대로 이자소득으로 보되 손금산입만 제한하는 방식이 타당하다. 이와 관련하여 과소자본세제에 대한 보완장치로서 소득규모에 비하여 이자지급이 너무 많은 경우를 규제하기 위해 과대지불이자세제의 도입이 필요하다.

둘째, 배당소득의 범위에서 제외함은 물론 과세대상에서 제외함이 상당한 소득으로는 주식배당과 이익잉여금의 자본전입에 따른 무상주에 대한 의제배당이 있다. 주식배당이나 무상주의 분배는 세법상 배당소득의 분배 요건을 충족시키지 못할 뿐만 아니라 소득세법이 원칙적으로 과세대상으로 삼지 않는 미실현이익에 불과하기 때문이다.

셋째, 배당소득의 범위에 의제배당으로 추가되어야 할 것으로는, i) 법정준비금의 감소에 의한 이익배당, ii) 자기주식 취득으로 주주에게 이전되는 회사의 이익 등이 있다.

법정준비금의 감소에 의한 이익배당에 대해 의제배당 과세가 필요한 이유는, 법정준비금 중 자본준비금을 감액하여 받은 배당은 자본의 환급에 불과하여 배당소득에 포함되지 않으므로 이익배당의 재원을 어떻게 선택하는지에 따라 소득의 귀속연도를 과세상의 목적만으로 납세자가 변경할 수 있다는 점에서 바람직하지 않기 때문이다.

자기주식 취득으로 주주에게 이전되는 회사의 이익에 대한 의제배당 과세가 필요한 이유는, 2011년 상법개정으로 회사의 자기주식 취득과 보유가 전면적으로 자유화되었음에도 자기주식 거래를 남용하여 배당소득으로 과세되는 것을 회피하거나 주식분할과 자기주식 취득을 반복하여 배당소득을 양도소득으로 전환하는 조세회피에 대응할 수 있는 아무런 장치도 마련하지 않은 상황에 대한 과세상 대응을 위해서이다.

20. 조세법상 경정청구제도의 문제점 및 개선방안에 관한 연구

김현준*

현행 경정청구제도는'94년 명시적으로 도입된 이래 납세자의 권익신장을 목표로 수차례 개정되었다. 특히 경정청구권자가 비거주자와 외국법인까지 확대되고 경정청구기간을 종전 3년에서 5년으로 대폭 연장하여 과세당국에 비해 상대적으로 열등한 지위를 누렸던 납세자의 권익이 대폭 신장되었으며, 그 결과 납세자의 경정청구권이 과세당국의 부과권과 대등한 지위를 누릴 수 있는 것으로 평가된다.

그런데 이 제도가 도입된 이후 22여년 이상 동안 경정청구제도의 급격한 변화로 경정청구권이 담고 있는 순기능 못지않게 미처 예상치 못한 부작용이 발생하고 있거나 우려를 낳고 있다. 그동안 우리 입법자는 국가의 부과권에 비해 상대적으로 더디게 도입된 납세자의 경정청구권을 확대하는 데만 치중함으로써 그로 인해 발생할 수 있는 문제점에 대한 충분한 검토가 이루어지지 못했기

전 국세청장

때문이다. 경정청구와 관련한 선행연구들도 대개 경정청구제도의 외연 확대에 초점을 맞추고 있어 그로 인해 발생할 수 있는 문제들에 대해서는 큰 관심을 두지 않은 것과 같다. 따라서 그동안 이루어진 경정청구에 대한 논의에 더하여 현행 경정청구제도로 인해 발생하는 문제점을 분석하고 개선방향을 제시하는 연구는 매우 유의미한 작업이 될 것이다. 본 연구에서는 현행 경정청구제도를 그간의 개정된 내용을 중심으로 그와 관련된 문제점을 살펴보고 납세자의 권익과 과세형평 등을 고려하여 합리적 수준에서 개선·발전시킬 수 있는 대안을 제시하는 것으로 한다.

21. 소득세제와 소비세제의 매출에누리 및 판매장려금에 관한 연구

세법은 소득세제 및 소비세제의 과세표준 산정 기초인 '익금, 총수입금액, 공급가액'에서 매출에누리를 차감하고, 판매장려금을 포함한다. 소득세제에서는 과세표준에 영향이 없는 매도인이 아니라, 거래상대방인 매수인 입장에서, 대가의 반환임에도 과세대상 소득이 있는지 분쟁이 된다. 한편 소비세제는 '매출세액에서 매입세액을 공제'하여 납부세액을 계산하기 때문에 매출에누리·판매장려금 구분에 따라 매출세액 및 매입세액의 공급가액이 달라진다. 따라서 매출에누리·판매장려금 구분에 관한 사건이 소비세제에 집중되어 있다.

기업회계기준은 매출에누리를 수익에서 차감하고, '거래상대방에게 한 현금 지급'도 대가의 공정가치 하락으로서 매출에누리와 마찬가지로 취급한다. 법인세법은 기업회계기준상 매출에누리에 따르므로 '거래상대방에게 한 현금 지급'도 매출에누리로서 익금에서 공제한다. 그런데 소득세법 및 부가가치세법은, '거래상대방에게 지급하는 장려금'을 총수입금액이나 공급가액에 포함한다고 규정하여, '거래상대방에게 한 현금 지급'이 법인세법과 달리 판매장려금인지, 소득세제와 소비세제의 매출에누리가 다른지 명확하지 않다.

본 연구는, '반대급부의 확정 및 감액' 측면에서 매출에누리 및 판매장려금 구분의 해석 기준을 제시하고, 현행 규정의 문제점을 분석하여, 대안을 제시하였다.

'익금, 총수입금액, 공급가액'은 부당행위계산부인 등 법령상 '시가'를 기준으로 하는 예외를 제외하면 원칙적으로 '그 재화의 판매나 용역의 제공으로부터 받았거나 받을 대가(對價)'이다. '익금, 총수입금액, 공급가액'은 재화의 판매나 용역의 제공이라는 '급부(給付)'와 상환하여 이행되는 '반대급부(反對給付)'이고, 반대급부의 감액이 매출에누리이다. 거래상대방에게 한 현물 지급이나 거래사슬 외 제3자에게 한 현금 지급과 같이 반대급부 감액과 상관없는 금품이 판매장려금이다. 결국 매출에누리·판매장려금 구분은 '반대급부의 확정' 문제이다.

급부에 대한 반대급부는, 주된 급부의무 상호간 양 당사자의 채무가 주관적으로 상호 의존되고, 상환하여 이행된다는 민법상 쌍무계약의 '견련성(牽聯性)'을 확인하는 것이다.

소득세제 및 소비세제의 구조적인 차이에도 불구하고, 과세의 기초인 반대급부가 같기 때문에 소득세제 및 소비세제상 '반대급부의 감액'인 매출에누리도 같고 이를 다르게 취급할 수 없다. 다만 소비세제의 특수성에서, 사업상 증여를 과세하고, 거래사슬 내 제3자에게 한 보상까지 매출에누리에 포함되도록 해석할 필요가 있다.

반대급부의 감액은, 급부 발생의 원인과 마찬가지로, '약정 및 법령'이다. 약정에 의한 반대급부의 감액은, 당사자의 계약 내용 형성의 자유 때문에 감액 사유를 매출에누리의 정의에서 한정할 수 없다. 약정의 효력이, 강행법규 위반으로 무효이거나, 부당행위계산부인 등 세법 규정에 의하여 제한될 수 있을 뿐이다.

조세채무 확정 후 반대급부가 감액되면, 세법상 권리가 확정되어야 인식할 수 있으므로, 납세의무자는, 사유가 확정된 과세기간 수익에 이를 반영하여 법인세, 소득세, 부가가치세를 신고할 수 있다. 그런데 납세의무자는 사유가 확정된 과세기간이 아니라, 국세기본법상 후발적 경정청구권을 행사하여, 당초 과세기간 법인세 및 소득세의 감액경정을 청구할 수 있다. 개별 세법에서 귀속시기에 관한 명문 규정이 없는 이상 납세의무자의 후발적 경정청구권 행사를 제한할 수 없다. 부가가치세법은 사유가 확정된 과세기간 총공급가액에 감액된 금액만 반영할 수 있도록 규정을 두고 있으므로 후발적 경정청구권 행사가 제한된다.

거래당사자 사이에서 거래가 하나 이상이고, 거래상대방 외 제3자가 관련되어 있으면, 각 법률관계상 급부 및 반대급부를 확정하고, 어느 반대급부의 감액인지 살펴 매출에누리가 결정되어야 한다. 거래상대방 외 제3자에게 한 보상은, 자신이 한 급부의 반대급부 감액과 같아야 매출에누리이다.

'거래상대방에게 한 현금 지급'은 반대급부의 감액으로 매출에누리이므로, 소득세법 시행령 제51조 제3항 1의2호 단서, 부가가치세법 제29조 제6항 중 장려금 부분은 매출에누리로 취급되는 금원을 제외하는 것으로 제한 해석하여야 한다. 마일리지에 관한 부가가치세법 시행령 제61조 제4항도, 법률행위 내용에 따라 마일리지의 법적 성격이 달라지므로 매출에누리로 취급되는 마일리지를 제외한 나머지만 공급가액에 포함되는 것으로 제한 해석하여야 한다.

현행 세법상 매출에누리는, '계약상 또는 법률상의 모든 원인에 따라 통상의 대가에서 일정액을 깎아주는 금액'으로 포괄적으로 정의해야 한다.

판매장려금이 총수입금액, 공급가액에 포함된다는 규정(소득세법 시행령 제51조 제3항 1의2호 단서, 부가가치세법 제29조 제6항 중 장려금 부분)이나 마일리지를 일률적으로 공급가액에 포함하도록 한 규정(부가가치세법 시행령 제61조 제4항)은 반대급부에 기초한 총수입금액, 공급가액 규정의 해석상 당연한 내용을 규정한 것이고, 해석상 분쟁이 되고 있기 때문에 삭제하는 것으로 개정되어야 한다.

22. 사외유출소득의 과세에 관한 연구

송동진*

법인 재산의 횡령 등에 의한 소득의 사외유출은 지배주주인 대표자에 의하여 이루어지는 경우가 많다. 현행세법은 이를 근로소득인 상여로 과세하고 있다. 그러나 그러한 소득을 근로소득으로 취급하는 것은 부적절하다. 지배주주에 의하여 법인으로부터 유출된 소득은 이익잉여금의 범위 내에서는 실질적인 배당으로 보아 과세하는 것이 타당하다. 그리고 증자 등의 자본거래를 통하여 이익이 분여되는 경우 상속세 및 증여세법은 증여세의 과세대상으로 규정하고, 법인세법 시행령은 소득세과세대상에서 배제하고 있다. 그러나 이러한 경우 증여세가 아니라 일반원칙에 따라 소득세가 과세되어야 한다. 한편, 주주의 법인에 대한 재산의 이전을 숨은 출자로 볼 수 있는 경우도 있다. 법인과 주주 간의 소득의 이전이 배당 또는 출자로 취급된다면, 이에 따른 이중과세조정 등의 세법상 후속효과가 인정되어야 한다. 또한 법인이 저가매도를 통하여 상대방법인에게 소득을 이전한 경우, 그 상대방법인은 그 거래시점에 거래대상의 시가와

---

* 전 판사

거래가액의 차액을 익금으로 인식하여야 한다. 사외유출된 소득이 반환된 경우 후발적 경정청구를 허용하거나, 이를 허용하지 않을 경우 지나친 제재가 되지 않도록 출자로 처리하거나 세액공제 등의 방법을 강구할 필요가 있다.

소득금액변동통지에 의한 지급의제는, 귀속자가 불분명한 인정상여와 관련된 경우 위헌의 여지가 크고, 원천납세의무와 원천징수의무 간의 성립시기를 크게 괴리시키는 문제점이 있다. 소득금액변동통지가 가지는 과도한 의제적 성격이 납부기한의 유예라는 일종의 보상을 부여하는 한 원인이 된다. 납부기한의 유예는, 정상적인 배당의 지급과 비교할 때 편법적인 배당의 지급을 우대하는 결과가 된다. 이에 대한 개선방안으로는, 소득금액변동통지 제도를 유지하되, 소득의 유출시점을 소득의 지급시기로 의제하는 방법과, 소득금액변동통지 제도를 폐지하는 방법의 두 가지가 있다. 전자와 관련해서는, 귀속불분명으로 인한 인정상여가 위헌으로서 폐지되고 원천징수의무의 요건인 '지급'을 실질적으로 해석하는 것이 가능하다면, 굳이 소득금액변동통지 제도를 유지할 필요가 있는지 의문이 제기된다. 후자에 따라 소득금액변동통지제도를 폐지하는 대신 원천징수의무의 요건으로 실질적 지급의 개념을 세법의 해석 또는 입법으로 도입하면, 사외유출소득에 대하여 원천징수의무의 요건을 적절하게 설정할 수 있고, 소득의 지급시점과 관련된 원천징수의무의 성립시기 문제도 간명하게 처리할 수 있다

현행세법은 법인의 자본(순자산)에 관한 개념인 사외유출을 위법소득의 과세요건으로 사용하고 있다. 이에 따라 사외유출 개념은 위법소득 귀속자의 원천납세의무와 법인의 원천징수의무와 결합되어 있다. 그러나 이는 불필요하고 부자연스러운 결합관계로서, 각 요건에 고유한 요소를 고려한 해석을 하지 못하는 문제점을 발생시키고, 손해배상채권에 관한 자산(익금)의 인식을 왜곡시킨다. 이를 해결하기 위해서는, 사외유출을 위법소득의 과세요건으로 삼고 있는

현행세법을 개정하여, 사외유출과 위법소득의 과세를 분리하고, 위법소득의 고유한 과세요건을 소득세법 등에 별도로 규정하는 것이 바람직하다. 그리고 사외유출로 인한 손해의 손금산입 여부를 결정할 때는 사외유출소득이 실질적인 배당 또는 출자에 해당하는지 여부를 고려할 필요가 있다.

23. 다국적기업의 관세회피에 대한 법적 대응방안에 관한 연구

김민정*

　본 연구는 다국적기업의 저가신고를 통한 관세회피 시도를 방지함에 있어서 관세법 규정을 정비하는 것이 도움이 될 것이라는 전제에서 출발하였다. 다국적기업의 저가신고를 통한 관세 등 회피의 기본구조는, 수입신고 시 저가신고를 하여 관세 등을 회피하고, 그로 인한 이익을 배당금이나 수수료 등의 형태로 본국에 지급하는 방법으로 법인세마저 회피하는 것이다. 이 경우 세수손실뿐만 아니라 공정무역이 저해될 수 있다. 현행 관세법 규정은 불분명하거나 체계가 잘못되어 다국적기업의 저가신고를 통한 관세 등 회피에 효과적으로 대응하지 못하고 있다.

　관세법은 헌법에 따라 WTO 관세평가협정에 일치되도록 제·개정된 것이다. 따라서 현행 관세법상 불분명한 부분이 있다면 WTO 관세평가협정의 취지에 맞게 개정할 필요가 있다. 조세회피행위를 방지하기 위하여 WTO 관세평가

---

* 변호사, 전 관세청 근무

협정에서 보장한 과세당국의 재량권을 우리나라도 다른 WTO 회원국과 동등하게 누릴 권리가 있다. 논지 전개를 위해 본 논문에서는 세 가지 쟁점으로 나누어 검토하였다.

첫번째 쟁점은 과세관청이 부담하는 입증책임에 대한 것이다. 현행 관세법 규정 및 판례에 따르면, 특수관계가 가격에 영향을 미쳤다는 점을 과세관청이 입증하여야 한다. 이 경우 과세관청이 입증하여야 하는 사항이 무엇인지 불분명하다. 또한, 과세관청이 다국적기업 내 거래에 관한 자료를 조사하는 데 한계가 있다. 이에 특수관계가 영향을 미치지 않았다는 점에 대하여 수입자에게 입증책임을 지우는 방안을 검토해보았다. WTO 관세평가협정의 취지에 따라, 관세법 제30조 제3항 제4호에 과세관청은 특수관계가 가격에 영향을 미쳤을 가능성이 큰 요소들에 대해서만 입증책임을 부담하고, 수입자는 거래가격이 해당 산업부문의 정상적인 가격 결정 관행에 부합하는 방법으로 결정되었음을 입증하도록 규정하여야 한다. 실질적으로 다국적기업이 특수관계가 가격에 영향을 미치지 않았음을 입증하는 결과가 될 것이다.

두 번째 쟁점은 관세법상 유사물품의 의미에 대한 것이다. 관세법 시행령 제26조는 관세법의 위임 없이 제3방법에서 사용되는 유사물품의 의미에 대하여 규정하고 있다. 대법원은 관세법 제30조 제4항과 관련하여 유사물품의 의미를 엄격히 해석하여야 한다고 판시한 바 있다. 다국적기업은 저명한 상표를 가지고 있는 경우 유사물품이 존재할 수 없다고 주장한다. 그러한 주장이 인정된다면 다국적기업이 수입하는 모든 물품은 관세법상 유사물품 개념을 사용한 모든 규정을 적용할 수 없어 불합리하다. 우리 관세법도 제2조의 정의규정에 유사물품의 정의조항을 신설해야 한다. 유사물품의 본질적 요소는 상업적 교환 가능성이다. 따라서 상업적 교환 가능성을 판단할 수 있는 고려요소들에 대하여 명확히 규정하여야 한다. 이를 통해 다국적기업의 저가신고에 대하여 유사물품의 개념을 사용한 관세법 규정의 실효성을 높일 수 있을 것이다.

세 번째 쟁점은, 제6방법의 합리적 활용에 관한 것이다. 최근의 다국적기업의 이전가격정책은 WTO 관세평가협정 제정 당시 예상하지 못했던 형태를 보이고 있다. 이에 대응하여 제6방법 활용을 위해서는 두 가지 고려해야 할 문제가 있다. 첫째, 현행 관세법 제34조 제2항은 납세의무자가 산정가격방법을 적용하는 데 필요한 자료를 제출하지 않은 경우에만 제5방법을 배제할 수 있다고 규정하고 있다. 이 규정에 따르면, 생산자, 판매자, 구매자 모두 특수관계에 있고, 무이윤 거래 등이 의심되는 경우에 대처하기 어렵다. 따라서 제출된 자료의 정확성과 진실성을 의심할만한 합리적인 사유가 있는 경우에도 제5방법을 배제할 수 있다는 규정을 신설하여야 한다. 둘째, 제6방법을 적용함에 있어 세관당국의 합리적 재량권을 보장하여야 한다. 다만, 자의적이지 않도록 하여야 한다. 따라서 조정 요소를 다양화하되 미리 대통령령 등에 규정하여 납세의무자 입장에서도 예측 가능하도록 하여야 한다. 조정 규정의 내용이나 개선방안은 수입자와 과세관청의 협상과 협력을 통해 추가하여야 할 것이다.

이상의 논의와 같이 관세법 규정이 정비되면 두 가지 효과가 예상된다. 먼저, 다국적기업이 이전가격정책에 따라서 저가신고하는 것을 억제할 수 있을 것이다. 또한, 관세관청은, 분쟁이 발생하였을 때 관세법 규정의 불분명함 때문에 다국적기업의 저가신고를 통한 조세회피에 대하여 대응하지 못하는 상황을 방지할 수 있을 것이다.

24. 부가가치세법상 실질과세원칙의 적용에 관한 연구

권형기*

본 논문은 부가가치세의 담세력과 과세대상에 대한 연구에서 출발하여, 부가가치세법에서 나타나는 해석 측면의 실질과세원칙과 부가가치세법의 입법 측면의 실질과세원칙에 대해 연구한다.

담세력이라 함은 일정한 곳에 과세할 수 있다는 점에 대한 국민적 합의가 이루어진 이후, 그 곳에 과세할 수 있도록 설계한 입법체계로부터 역으로 확인할 수 있는 개념이다. 부가가치세의 입법 구조와 과세대상 및 연혁 등을 종합적으로 연구해보면 부가가치세의 담세력은 부가가치, 거래 또는 소비행위가 아닌 소비지출에 있음을 확인할 수 있는바, 소비행위에 담세력이 있다는 대법원의 입장은 변경되어야 한다. 만일 조세를 경제적으로 전가한다는 개념만으로 소비행위에 담세력이 있다고 볼 수 있다면, 부가가치세가 모든 거래에 과세하는 구조를 가지는 것에 필연성도 없다.

조세법은 소득이 발생하거나 재산을 보유하고 있는 자에게 납세의무를 부담

---

* 변호사, 공인회계사

시키는 것이 타당하다는 응능부담 원칙의 전제 하에서, Haig-Simons 소득 개념상 소득에 정비례하는 방향으로 납세의무자를 규정하는 것이 일반적인 형태이다. 이에 부가가치세는 소비지출에 담세력이 있다고 보는 과세체계를 설계하는 과정에서 소비지출에 대한 반대급부인 계약상 공급을 과세대상으로 설정하고 있다. 대법원은 부가가치세의 담세력이 소비지출에 있다는 점을 인지하지 못하고 있기에, 부가가치세의 납세의무가 사법상 권리의무 관계를 설정하는 계약에서 시작된다는 점을 명확하게 파악하지 못하고 있다. 그러나 부가가치세법은 사법상 권리의무 관계에 따라 소비지출의 반대급부인 당해 계약상의 공급을 과세대상으로 설정한 것이며, 재화나 용역을 공급함에 있어 계약의 개념이 없다면 부가가치세의 과세대상에 포섭될 수 없다.

대법원은 실질과세 원칙을 담세력에 따른 해석이라고 설명하고 있으나, 부가가치세법에 실질과세 원칙을 적용해보면 타당하지 않은 견해임을 알수 있다. 대법원의 설시대로라면 부가가치세의 납세의무자는 소비행위를 한 자에 해당하나 소비행위를 한 자에게 과세하는 것은 부가가치세의 다단계거래세 구조상 불가능하며, 경제학에서의 조세전가 개념을 실질귀속자 과세원칙에 직접 적용할 수도 없다. 나아가 소비지출에 담세력이 있다고 보더라도 간접세의 구조상 소비지출을 한 자에게 직접 과세처분을 하는 것도 타당하지 않다. 이는 본래 담세력의 개념이 입법과정에서 반영되는 것일 뿐이며 해석 단계에서는 나타나지 않는 개념이기 때문이다. 즉, 실질과세 원칙은 조세회피행위에 대해 적용되는 개념으로서, 이는 담세력에 따라 판단할 수 있는 것이 아니라 오로지 법령에서 규정하는 납세의무자나 과세대상의 해당성을 회피하는 경우에만 적용되는 법리이다.

나아가 부가가치세의 과세대상은 계약상 공급일 수밖에 없는바, 국세기본법 제14조 제1항을 적용하더라도 계약상 공급이 아닌 경우에는 애초부터 과세대상에 포섭될 수 없으며 계약의 당사자가 아닌 자를 실질귀속자로 판단할 수 없다. 따라서 부가가치세법상 실질과세원칙을 적용하더라도 실질귀속자는 계약상 원인을 통해 재화나 용역의 공급을 한 사업자로 한정되며, 이는 소득과세에서 실질과세 원칙을 적용하더라도 소득 자체에 해당하지 않는다면 과세할 수 없는 것과 마찬가지인 논리이다. 대법원은 부가가치세에 적용되는 실질과세 원칙에 대해 명확한 입장이 없기에 소득과세와 유사하게 판단하고 있으나 이는 부가가치세의 담세력과 과세대상에대한 고찰이 부족해서라고 본다. 따라서 대법원은 소비지출이라는 부가가치세의 담세력에 근거하여 설계된 과세대상을 명확하게 인지한 후, 실질귀속자 과세원칙이 적용되더라도 사법상 계약관계에 따른 재화나 용역의 공급에 대해서만 과세할 수 있음을 명시적으로 설시할 필요가 있다. 나아가 부가가치세 자체를 회피하기 위한 거래의 경우에는 국세기본법 제14조 제2항 및 제3항의 규정이 적용될 수는 있으나, 우리 부가가치세법의 특성으로 인해 이를 적용할 수 있는 사례는 극히 제한적으로 나타나게 된다.

소득과세와 관련하여 헌법재판소는 담세력에 근거한 입법을 해야 입법상 실질과세 원칙에 부합한다고 설시하고 있으며, 이는 부가가치세에도 동일하게 적용될 수 있는 법리이다. 그런데 사실과 다른 세금계산서에 대한 매입세액 불공제는 담세력에 근거하여 설계된 과세대상이 아니라 행정질서벌 성격의 세액에 해당한다. 실질에 따른 매입세액 불공제와 행정질서벌이 구분되어야 함에도 부가가치세법은 이를 구분하고 있지 않기에, 행정질서벌이 실질에 따른 매입세액 불공제보다 과도하게 규제되는 측면도 있고 행정질서벌의 중복적용 등 다양한 문제가 발생하게 된다. 이러한 행정질서벌은 별도의 법령으로 규정하여 제재 수준을 적정하게 조정하는 것이 타당하다. 또한, 매입세액 불공제에 대한 선의 · 무과실 이론은 거래세적 특성에 있어서의 "정당한 사유"의 해석으로 보이는 바, 구체적인 사안에 따라 적용의 범위를 넓히는 것이 타당한 해석이다. 나아가 부가가치세법상 행정질서벌은 애초부터 조세법의 법리가 적용되는 세금의 성격이 아닌 세무행정상 벌과금 등의 성격이기에 실질과세 원칙이 적용되는 사안이더라도 재해석된 사실관계에 따라 부과할 수는 없다. 나아가 사법상 계약관계에 충실한 세금계산서 교부 및 수취행위만이 세금계산서 제도를 통한 세수파악에 도움이 되는 것이기에, 사법상 계약관계와 다른 관점에서 위반행위에 대한 제재규정인 부가가치세법상 행정질서벌을 부과할 수도 없다. 앞서 본 부가가치세의 과세대상 및 부가가치세법상 실질과세 원칙의 적용 측면을 정확히 이해한다면 행정질서벌이 잘못 부과되는 경우는 많지 않게 된다. 다만, 본 논의는 부가가치세법상 실질과세 원칙이 적용되는 극히 제한적인 경우에도, 행정질서벌인 매입세액 불공제는 사법상 계약관계와는 달리 적용될 수 없음을 확인하였다는 점에서 의미가 있다.

이상의 논의는 모두 부가가치세의 담세력과 과세대상을 연구하는 과정에서 확인할 수 있는 내용이며, 실무상 우리 부가가치세는 입법적 측면과 해석적 측면에서 개선 및 연구되어야 할 부분이 많다고 본다.

25. 지방세법상 취득세에 관한 연구 :
조세심판원 심판결정례 분석을 중심으로

윤문구*

취득세는 취득이라는 행위를 과세대상으로 하고 있다. 이 경우 취득의 정의를 어떻게 하느냐에 따라서 과세 상 취급이 달라질 수 있는데, 현재의 지방세법은 기본적으로 원시취득과 승계취득뿐만 아니라 본래의 취득은 아니지만, 지목변경 또는 종류변경 등 일정한 간주취득까지 포함하고 있다.

이러한 취득세의 성격에 대해서는 소유권이전이 이루어지면 그 완전성 여부와 관계없이 모든 것을 취득으로 보는 형식설(유통세)과 실질적 요건을 갖춘 경우에만 취득으로 보는 실질설(재산세)이 대립하고 있는데, 현재 우리나라의 대법원은 취득의 개념을 기본적으로 형식설의 입장에서 보고 있다.

본 연구에서는 취득세에 대한 해석론적 관점에서 조세심판원의 심판결정례가 어떠한 방향성을 가지고 있는지를 분석하고, 이를 바탕으로 취득세의 입법론적인 개선방안을 제시하는 것을 목적으로 하고 있다. 즉, 2016년 1월 1일부

---

* 세무사

터 2019년 6월 30일까지 결정된 지방세를 대상으로 조세심판원 심판결정례를 모두 분석한 후에 그 중에 약 65.7%를 차지하는 취득세를 중점적으로 분석하였으며, 관련 심판결정례 중에서 취득의 개념과 취득시기 및 감면에 대하여 연구하였다. 다만, 취득세의 감면과 사후관리에 대한 심판결정례의 경우에는 대부분 감면대상의 실질적인 적정성 및 감면관련 규정에 해당하는지의 여부가 주된 쟁점이 되었으며, 사후관리의 경우에도 본래의 목적사업에의 사용여부와 유예기간 및 실질 사용기간에 대한 판단문제가 주를 이루고 있어서 취득개념과 취득시기에 대한 연구에 중점을 두고자 하였다.

11개의 세목이 있는 지방세 관련 조세심판원의 심판결정례 중에서 취득세에 대한 사례가 가장 많은 비중을 차지하고 있다. 즉, 2016년 1월부터 2019년 6월까지의 분석대상 기간 동안의 지방세 관련 심판결정례는 총 3,260건이었으며, 그 중에서 취득세 관련 심판결정례는 2,143건으로 나타나고 있다. 그리고 조세심판통계연보(2018)에 따른 지방세 관련 심판청구에 있어서 인용률은 2016년에는 26.1%이며, 2017년에는 23.3%이고, 2018년에는 8.1%이다. 그리고 해당 분석기간 동안 평균 인용률은 취득세가 약 28.7%로 가장 높게 나타나고 있다.

취득세와 관련된 조세심판원 심판결정례의 분석을 통하여 다음과 같은 점을 알 수 있다.

첫째, 취득의 개념과 관련된 심판결정례의 경우에는 분석대상 심판결정례 중에서 25.7% 가량을 차지하고 있는데, 그 비중이 25~27%를 유지하여 오다가 2019년 들어 15% 수준으로 관련 심판결정례가 급감하고 있다.

둘째, 취득시기와 관련된 심판결정례는 분석대상 심판결정례 중에서 1.6%를 나타내고 있는데, 2019년에는 한 건의 심판결정례도 없는 상태이다. 한편, 인용률은 약 29.4%를 나타내고 있다.

셋째, 감면대상과 관련한 심판결정례의 경우 평균적으로 39.94%, 감면 사후관리 관련 심판결정례의 경우 29.73% 수준의 인용률을 보이고 있는데 이는 앞서 살펴본 지방세 및 취득세의 전체 인용률에 비하여 매우 높은 수준임을 알 수 있다.

조세심판원의 심판결정례 중에서 실질과세의 원칙과 관련하여 특히 해석상 논란이 되고 있는 주제를 사실상 취득과 간주취득 및 취득시기로 구분하여 현행 규정의 해석상 문제점과 입법론적 개선방안을 제시하였다.

첫째, 사실상 취득과 관련한 지방세법 규정은 지방세법 제7조 제2항인데, 지방세법 제7조 제2항과 관련된 심판결정례는 총 86개가 있는데, 인용된 수는 32건으로 37.2%의 인용률을 나타내고 있다. 그 중에 대표적인 것을 살펴보면 다음과 같다. 먼저, 매수대금의 대부분을 납부한 경우 사실상 취득으로 보아 취득세를 부과할 수 있는지의 여부가 문제가 되고 있다. 이와 관련하여 정확한 사실관계는 일치하지 아니하지만, 조세심판원의 심판결정례와 대법원의 판례가 서로 다른 입장을 보이고 있다. 실질과세의 입장에서 매수대금의 대부분인 95% 이상을 지급한 경우에는 취득세 과세대상에 해당하는 것으로 입법하는 것이 타당하다고 할 것이다. 그리고 연부취득에 있어서 매매계약의 해지 또는 재매각의 경우 사실상 취득을 볼 수 있는지의 여부가 문제인데, 조세심판원의 심판결정례와 대법원 판례가 모두 사실상의 연부금 지급시점을 취득시기로 하여 사실상 취득으로 보고 있다. 이러한 태도는 지방세법 제7조 제2항의 규정을 반영한 것이라고 할 수 있다. 마지막으로, 취득신고 후 잔금 미지급으로 계약이 해제된 경우 취득세 납세의무가 성립하는지의 여부가 문제인데, 승계취득의 경우 대금의 지급과 같은 소유권 취득의 실질적 요건 또는 소유권 이전의 형식도 갖추지 아니한 이상 잔금지급일이 도래하였다 하여도 취득세 납세의무가 성립하였다고 할 수 없다고 판단하고 있다. 이러한 입장도 실질과세의 원칙에서 판단하고 있는 것이라고 할 수 있다.

둘째, 간주취득과 관련하여 다음과 같은 문제가 있다. 지목변경과 과점주주의 간주취득 등에 대하여 취득세 납세의무를 부담하도록 하고 있으며, 해석상 논란도 지속적으로 제기되고 있는 실정이다. 그러나 실질과세의 원칙에 살펴볼 때 간주취득은 취득 자체가 존재하지 않는다고 보는 것이 타당하다고 할 것이다. 따라서 간주취득과 관련된 제도는 폐지하는 것이 바람직하다고 할 것이다.

셋째, 취득시기와 관련해서는 다음과 같은 해석상 논란이 제기되고 있다. 먼저, 점유취득의 경우 취득시기를 시효완성일로 볼 것인지, 확정판결일로 볼 것인지 또는 소유권이전등기일로 볼 것인지의 여부가 논란이 되고 있다. 따라서 점유취득에 대한 취득시기를 확정판결일로 명문화할 필요성이 있다. 그리고 체비지 취득시기에 대해서는 해석론적인 논란은 발생하지 않고 있지만, 실무상의 문제로 인하여 입법론적 개선이 필요한 실정이다. 즉, 도시개발법에 의한 환지처분공고일 이전에 도시개발사업시행자로부터 체비지를 유상으로 취득하는 경우에는 사실상의 잔금지급일을 취득시기로 볼 수 있도록 지방세법 시행령에 명확하게 규정하는 입법론적 개선을 도출해야 할 것이다.

한편, 본 연구는 지방세 전체를 분석한 것이 아니라 취득세만을 대상으로 하고 있기 때문에 재산세와 등록면허세 등 다른 세목은 분석하지 못하였으며, 취득세의 감면과 감면에 대한 사후관리를 분석을 하지 못한 한계가 있다.

26. 원천징수의무의 합리적 범위 확정에 관한 연구

문필주*

원천징수의무는 소득귀속자의 법적지위, 소득구분에 관한 사실인정이나 거래의 성격에 대한 법적 판단에 따라 그 범위가 달라진다. 따라서 소득의 귀속자나 소득의 성격을 특정 하는 것이 어려울 경우 원천징수의무의 이행이 어려워진다는 한계를 갖는다. 원천징수의무자는 과세행정청도 아니고 본래의 납세의무자도 아닌 제3자로서 단순히 국가 대신 세액을 징수하는 자이기 때문에, 원천징수의무 여부에 대한 판단이 어려워질수록 원천징수제도의 적정성에 대한 의구심은 증폭된다. 따라서 현재 원천징수의무자의 부담이 과중한 측면은 없는지 재검토해 볼 필요가 있다.

원천징수제도는 그 필요성을 인정할 수 있으나, 다음과 같은 점에서 제한할 필요가 있다. 원천징수의무자의 법적지위는 제3자적 지위에 해당한다. 원천징수의무의 헌법적 근거는 헌법 제38조의 납세의무가 아닌 제59조에서 찾을 수 있다. 따라서 원천징수의무는 헌법 제38조상의 납세의무와 같이 확장할 수 없

---

* 한국지방세연구원 부연구위원

는 성격의 것이다. 원천징수의무자는 조사권 등 국가와 동일한 수준의 권리는 없는데 반하여 원천징수의무의 미이행 또는 과소이행에 따른 가산세 및 형사처벌 등 전적인 책임을 부담하고 있어, 그 의무가 과중한 상태다. 이에 따라 원천징수의무를 제한 없이 확장 해석할 순 없으며, 자기책임원칙의 관점에서 일정한 한계를 설정할 필요가 있다.

이러한 원천징수의무자의 법적지위와 원천징수의무의 성격에 비추어 볼 때, 실질귀속자확정의무, 소득구분이 어려운 경우, 원천납세의무자에게 귀책사유가 있는 경우는 원천징수의무자에게 과도한 부담을 지우는 대표적인 유형이라 할 수 있다. 각 유형을 검토한 결과, 다음과 같은 개선방안들을 제시하고자 한다.

실질귀속자확정의무에 관하여, 첫째, 원천징수의무자는 수익적 소유자 여부를 판단할 필요 없이 실질귀속자 여부만 판단하면 된다. 둘째, 원천징수의무자의 실질귀속자확정의무는 실질적 심사를 제외한 형식적 심사를 원칙으로 하는 것이 타당하다. 대법원의 해석론과 개별세법 규정의 검토결과에 의하면 실질귀속자확정의무는 실질적 심사라는 원천납세의무자의 주관적 목적에 대해 판단하는 것을 포함하는 문제가 있다. 이는 헌법상 자기책임원칙에 반한다.

소득구분에 관하여 첫째, 소득의 성격이 사후적으로 변경되는 경우 원천징수대상 소득에서 배제하는 것이 타당하다. 소득을 지급한다는 의미에 대해 법이 현실적으로 원천징수할 수 있는 경우만을 한정하지 않는다는 해석론은 조세법률주의에 반하는 확장해석 또는 유추해석이다. 둘째, 빠르고 다양한 형태로 개발되는 파생상품에 대응하기 위해서는 포괄적 규정이 필요하다. 이 일환으로 입법미비 상태인 자본시장과 금융투자업에 관한 법률 제5조 제1항 제4호에서 위임하는 내용을 규정한 하위법령을 보완해야 한다.

원천납세의무자에게 귀책사유가 있는 경우에 관하여 첫째, 원천징수의무자의 자기책임에 상응하는 수준에 맞춰 정당한 사유의 인정 범위를 넓혀주어야 한다. 구체적으로는 비과세·면제신청서 또는 제한세율 적용신청서를 신뢰하여 원천징수의무를 이행한 것에 대해 정당한 사유가 있다고 인정해주어야 한다. 둘째, 소득의 성격이 사후적으로 변경되는 경우나 소득세법상 소득유형으로 특정할 수 없는 파생상품으로부터 발생한 소득 같은 경우도 원천징수의무 불이행에 정당한 사유가 있다고 봄이 합당하다.

27. 인지세의 현대적 의미에 관한 연구

윤순상*

 ‘인지세’는 과세문서, 즉 ‘국내에서 재산에 관한 권리 등의 창설·이전 또는 변경에 관한 계약서나 이를 증명하는 그 밖의 문서’의 작성자가 그 과세문서에 인지를 첨부함으로써 납부되는 조세를 말한다. 인지세는 매우 고전적인 세금 중 하나이나, 근대 이후 여러 사회·경제적 환경 변화에 따라 각 국가별로 그 위상과 형태를 달리하게 되어서 통일된 이론으로 정립하기 쉽지 않다. 또한, 우리나라의 경우에도 인지세 관련 법령이 타 세목에 비해 상대적으로 너무 단순하고 불분명한 조항이 산재하여, 과세관청이나 세무·회계실무자들이 편하게 접근하기가 용이하지 않은 세목에 속한다고도 할 수 있다.

 안타깝게도 인지세는 그간 이론적으로나 실무적으로 비중 있게 다루어지는 분야가 아니었고, 관련한 선행연구도 매우 일천한 편이다. 하지만, 우리나라 인지세는 하나의 세원으로 여전히 기능하고 있고, 일부 업종에서는 인지세 과세대상 여부가 전체 과세표준 결정에 가장 중요한 쟁점이 되는 경우도 있다. 이

---

* 국세청 근무

| 제3장 | 조세법 박사학위 실제 사례(초록 중심)　**217**

에, 인지세 개념을 명확히 하고 그 현대적 의미를 고찰하는 것과 더불어, 우리 나라 인지세 전반을 심도 있게 살펴본 후 그 발전 방향을 모색하는 것은 지금 시점에 있어 상당히 의미 있는 작업이라 할 수 있을 것이다.

1600년대 절대왕정기 최초 시행 이후 100년이 채 되지 않는 시점에서 상당수의 유럽 국가의 주요 세목으로 자리 잡았을 정도로 초기의 인지세는 각광을 받았다. 이는 재원 조달의 용이성, 징수의 효율성 등 인지세가 갖는 고유의 특징에 기인했을 것이라 판단된다. 현재까지도 인지세를 운영하는 국가는 여럿 있다. 우리나라와 일본이 그 주요 국가 중 하나이며, 우리나라와 경제발전의 비슷한 과정을 겪은 홍콩, 싱가포르도 인지세가 상대적으로 활성화되어 있는 국가로 꼽힌다. 서양에서는 영국이 대표적이라고 할 수 있으며, 영국의 영향을 받은 미국, 호주 등에서도 인지세 제도가 잔존하고 있다. 그러나 우리나라와 일본 정도를 제외하면, 많은 국가에서 인지세 과세대상은 초기에 비해 상당히 축소된 형태임을 확인하였다.

영국의 경우, 21세기까지도 인지세는 영국 국세청(HRMC)이 징수하는 가장 오래된 세금으로 자리매김해 왔으나, 근래 들어서는 그 범위와 비중을 축소하고 있는 추세이다. 특히, 2003년 이후부터는 SDRT(Stamp Duty Reserve Tax), SDLT(Stamp Duty Land Tax), STD(Stamp Duty) 정도로 단순화되었는데, SDRT가 우리나라의 증권거래세, SDLT가 우리나라의 주택 취득세와 비슷한 개념이라 분류한다면, 순수한 의미의 인지세는 SDT라는 명칭 하에 매우 작은 비중으로 축소 운영되고 있다고 볼 수 있다.

일본은 1870년대 메이지 정부에서 시행한 이래, 1899년 제정된 「인지세법」이 몇 차례 개정을 거쳐 지금에 이르렀다. 현재 일본의 인지세 비중은 우리나라보다 큰 편이나, 일본에서도 이에 대한 정당성 및 실효성에 대한 비판론이 제기되고 있는 실정이다. 즉, 디지털 시대에 부합하지 않는다는 지적, 다른 선진국의 인지세 축소 경향, 기업 부담이 상당하다는 주장 등에 따라, 현재 일본에서도 인지세 제도를 현실에 맞게 수정 또는 삭제하자는 의견이 점차 증대하고 있는 것이다.

한편, 우리나라에서 인지세가 정식으로 법제화된 것은 1950년 제헌국회이다. 해방 이후 어음·수표와 같은 신용 유통 급증 등에 그 배경이 있다. 이러한 인지세법은 1950~60년대를 거치면서 통화 발행고와 물가 급등에 따라 몇 차례 수정을 거쳤으며, 1971년에는 소득재분배 기능 강화 등을 목적으로 전면개정을 통해 세율을 전반적으로 현실화하였다. 1990년대에는 과세대상 문서가 정비되었고, 세액은 상향되는 한편, 세액 구간 단계는 단순화하였으며, 과세문서 상호간의 균형을 도모하기도 하였다.

2000년대 이후에는 정책 목적이나 사회·경제 환경 변화에 따라 인지세법에도 잦은 조정이 이어졌는데, 2002년에는 골프장 회원권, 신용카드 가입신청서 및 상품권 등의 세액은 상향하면서 일정금액 이하의 금전소비대차, 주택소유권 이전에 대해서는 과세대상에서 제외토록 하였고, 납세 편의를 위한 인지세 후납 제도도 신설하였다. 2010년에는 과세 최저한을 올리고 전자문서 등을 과세대상에 포함시켰으며, 2014년 개정을 통해 전자수입인지 인지세 납부를 완전히 정착시키기에 이르렀다.

이 같은 변천을 거친 현행 우리나라 인지세 제도에 있어서, 법 체계는 어느 정도 구비되어 있으나 다른 세목에 비해 법적 근거와 지침들에 여전히 모호한 영역이 크다는 점이 한계로 지적된다. 세법 해석에 있어서도 오래 전의 일회성 해석사례에 아직도 정체되어 있는 사례도 상당한데, 과세 실무에 있어서 창의적 시도가 빈번하지 않은 세목이기에 새로운 해석과 판례가 창출될 기회도 드물었고 이로 인해 이론·실무적 연구도 답보 상태가 된 상황임을 추론할 수 있다.

이에, 인지세에 있어 이론적 발전이나 법적 보완이 필요하다. 경제구조 다변화, 신종·파생상품의 증가, 국제거래·온라인거래 활성화 등으로 인해 '과세문서'의 개념도 더욱 능동적으로 구체화될 필요가 있으며, 「인지세법」상 '보완문서'나 '비과세문서'에 대한 뚜렷한 지침과 해석이 더 두텁게 누적되어 나가야 할 것이다. 특히, 본 논문에서는 과세 현장의 여러 쟁점사례 중, 특히 '신용카드 추가발급 신청서'에 대한 인지세에 중점을 두고, 현행 인지세 제도의 법적 문제점과 보완·발전 방안을 모색해 보았다.

신용카드 발급 유형 중, '신규 회원 최초 카드 발급'의 경우는 「인지세법」 제3조에서 기술한 과세문서에 해당하는 것이 명백하다. 또한, '가족카드 발급'이나 '도난·분실·갱신 재발급'의 경우에는 「인지세법」 제5조 단서의 보완문서, 즉 과세 예외가 되는 보완문서에 해당한다는 점에 이견이 거의 없다. 하지만, '기존 회원이 새로운 종류의 신용카드를 추가발급 받는 것'과 같은 유형에 있어서는 인지세 과세대상에 해당하는지 여부에 대해 과세관청과 신용카드사 간에 의견이 대립하는 상황이 존재한다.

"새로운 카드 발급이 인지세 과세대상이 되지 않는다."고 판단한 과거 국세청 유권해석 사례가 있으나, 이는 '재발급', '교체발급', '추가발급' 등의 용어를 구분하지 않고 혼용하고 있어 카드발급 유형이 세분화된 현실에 적용하는데 한계가 있다. 아울러, "새로운 카드 발급은 인지세 과세대상이 된다."고 판시한 법원 판례도 확인되나, 이 또한 모든 발급 유형에 일률적으로 적용하기는 어렵다고 판단된다. 다만, 판례를 통해 '새로운 권리관계 창설 여부'가 인지세 과세대상 판단에 결정적인 요소임은 확인할 수 있으며, 소위 '중요한 차이'의 존재 유무가 이러한 권리관계 동질성의 잣대가 될 수 있음도 알 수 있었다.

해당 쟁점에 있어, 과세 긍정론은 '부가서비스' 등 편익 내용의 변경을 가져오는 추가발급은 새로운 권리관계의 창설로 보아야 한다는 점, 종류가 다른 새로운 카드를 받는 것은 「인지세법」 제5조 단서에 해당하는 과세 예외 사유가 아니라는 점 등을 들고 있다. 반면, 과세 부정론은 기존회원에 대한 추가발급 시에는 신용카드 업자가 결제능력 심사를 통상 생략한다는 점, '부가서비스'는 신용카드의 본질적인 것이 아니어서 추가발급은 동법 제5조 단서의 보완문서에 해당한다는 점 등을 근거로 하고 있다.

이렇게 과세 긍정론과 부정론이 대립하고는 있으나, 생각건대 현행 법령 해석상으로는 인지세를 과세하는 것이 타당한 것으로 보인다. 그 논거로는 첫째, 인지세 과세문서는 '신용카드 회사'가 아니라 '신용카드'에 대한 가입신청서라고 「인지세법」이 정의하고 있는 점, 둘째, 카드별로 독립적인 '연회비', '카드혜택' 등을 고려할 때, 발급 시 카드별로 권리관계 생성여부를 판단하는 것이 타당하다는 점이 있다. 또한 셋째로, 발급에 있어 '결제능력 심사' 절차의 유무가 권리관계 창설 여부를 가를 수는 없다는 점, 넷째, 하나의 신용카드 회사의 다른 신용카드 두 건과 다른 신용카드 회사에서의 각각의 카드 한 것을 달리 볼 정책적 이유가 없다는 점, 다섯째, 최근 「여신전문금융업법」 개정이나 2010년대에 등장한 새로운 판례 등을 종합할 때에도 과거 국세청 유권해석은 현재의 관점에서 재검토가 필요하다는 점도 추가로 들 수 있을 것이다.

그러나 한편, 현행 법 해석상 과세대상 여부가 모호한 부분이 있다면, 과세대상을 축소하는 방향으로 법을 보다 명확하고 구체적으로 개정함으로써 과세쟁점을 둘러 싼 논란을 불식시킬 수도 있을 것이다. 이러한 시각은 인지세 과세대상의 축소·폐지론이 지속 제기되는 국내·외 동향에 주목한 것이다.

인지세 축소 추세가 선명한 주요 해외사례 뿐 아니라, 국내에서도 모바일 상품권 인지세 비과세 범위 확대 필요성을 두고 계속 논의가 진행되고 있고, 통신가입신청서에 대한 인지세는 2020년 완전히 폐지된 바 있으며, 금전소비대차 관련 인지세도 축소·폐지 주장이 거세다. 또한 신용·직불카드에 대한 인지세에 있어서도 축소·폐지론이 최근 대두하여, 결국 2017년에는 직불카드 발급에 따른 인지세는 전격 폐지되고 신용카드에 대한 인지세도 1,000원에서 300원으로 하향조정 되기에 이른 바 있다. 이를 비롯, 최근에는 인지세 제도 자체에 대한 전반적 개편을 시사하는 논의도 서서히 대두하고 있어, 현 시점에서 인지세의 위상을 점검하고 향후 방향성을 제시할 필요가 있는 것이다.

이러한 논리 전개를 기본 토대로 하여, 본 논문에서는 우리나라 인지세 제도의 발전 방향으로 몇 가지 사항을 중점 논의해 보았다.

먼저, 인지세의 현대적 의미를 재정립해야 한다고 보았다. 향후 환경세 등 새로운 세목의 신설 · 확대에 연계되어 인지세의 축소 또는 폐지 가능성도 배제할 수 없으므로, 인지세 과세문서 축소, 세율 인하 등을 향후 점진적 · 단계적으로 지속 추진할 필요성이 있다. 부동산 소유권 이전에 관한 증서, 도급 · 위임에 관한 증서 등 과세문서를 지방세로 편입하자는 일부의 주장도 이러한 일환이다.

그 다음으로, 법 체계 관점에서 과세쟁점이 빈번히 발생할 수밖에 없는 내용들을 대대적으로 정비할 필요가 있으며, 경제구조 재편과 신종상품 등장과 같은 환경변화에 대응하여 조문의 정교화, 해석사례의 누적 등이 병행될 필요가 있다. 아울러, 납세 효율성 차원의 보완도 지속해야 하는 바, 최근 세법 개정안에 포함된 인지세 후납 원칙 등은 이러한 노력의 하나로 보인다. 계약 현장에서의 인지세 전가 문제, 상대적으로 높은 인지세 가산세 부담 문제 등도 검토할 정책 과제로서 의미가 있을 것이다.

끝으로, 조세법률주의 차원의 발전 방향으로서는 최근 대두한 '금전소비대차 인지세 폐지론'이 대표적 사례라 할 수 있을 것이며, 본 논문에서 제시한 신용카드 추가발급 인지세 과세대상 판단에 있어서의 문제점과 이를 극복하기 위한 입법적 보완 방안도 적극적으로 검토해 보아야 한다.

아무쪼록 인지세를 둘러 싼 향후 후속 연구가 거듭되어, 이러한 여러 과제들이 보다 명료하게 구체화될 수 있기를 기대한다.

28. 농업 부문 조세제도의 개선 방안에 관한 연구

박경환*

과거로부터 농업은 식량안보 등의 특수성으로 인해 재정지원이나 조세지원을 받아왔는데, 현시점에서는 농업 부문 시장개방의 보상 차원으로 장기간 유지되었던 정책들이 더 이상 수용되기 어려운 상황이다. 다원적 기능에 대해서도 농업만이 그 기능을 독점적으로 수행한다고 볼 수는 없어, 무제한적인 비과세 혜택을 부여하는 현행 농업 부문의 조세제도는 개선이 필요하다. 과거와는 달리 농업경영체 등록 등 과세 인프라 구축이 되어 있는 현재의 농업환경에 맞추어 더 이상 농업 분야 조세제도에 대해 개선을 미루기보다는 다음과 같이 농업 부문 조세제도의 합리적 조정을 제안하는 바이다.

첫째, 작물재배업에 대해서도 고소득 전업농에 대해서는 일정 수준의 납세의무를 부과한다. 지금까지 유지되었던 작물재배업에 대한 비과세 혜택은 제조업 등 다른 산업들과의 조세 형평성 문제를 야기하기 때문이다.

둘째, 농업인의 사업자등록을 점진적으로 수행하여야 한다. 이를 위해 조세

---

* 농협중앙회 근무

감면을 받기 위한 요건으로 농업인이 사업자등록을 스스로 신청하도록 유인을 제공한다.

셋째, 8년 자경 양도소득세 감면 제도의 경우 장기보유 특별공제를 도입하여 보유기간이 1년 증가할 때마다 5%에 해당하는 공제금액을 한계적으로 적용하는 방법을 제안한다.

넷째, 후계 농업경영인 육성을 위하여 영농상속 공제 혜택을 확대해야 한다. 먼저 영농기간에 따라 공제 혜택 한도를 상향 조정하고, 농사를 짓는 자녀에 대해서는 5년 이후 양도하는 경우에는 증여세 감면의 이월과세를 배제해야 한다.

이러한 개선 방안은 향후 충분한 논의를 거쳐 급변하는 농업사회에 맞추어 정책 수단으로 활용될 것으로 기대한다.

29. 국제적 사업자 간 용역거래의 부가가치세 과세에 관한 연구

이호섭*

2021년 10월에 디지털 경제에 대한 글로벌 과세체계 확립을 위한 '디지털세' 도입 합의가 136개 국가 간에 이루어져 소득과세 측면에서 진일보한 조세개혁이 이루어졌다. 2022년 12월 우리나라가 최초로 입법을 마친 이후 각 국가의 입법작업이 진행되고 있다. 향후 부가가치세 분야에서도 '국제적 사업자 간 용역거래'에 있어 이중과세 및 이중 비과세를 축소하고 과세 기반을 확대하려는 각 국가의 정책 수요는 증가하게 될 것으로 예상된다. 따라서, '국제적 사업자 간 용역거래'에 적용되는 현행 우리나라 부가가치세의 현황 및 문제점을 살펴보고, 부가가치세 과세 방식 선진화 및 국제적 법령 조화(harmonization) 등을 위한 개선 방향을 해석론 및 입법론 차원에서 사전에 준비하는 것이 필요하다.

이에「EC VAT 지침」및「EC 이사회 시행명령」등 주요 외국의 규범 및 판례 등에 대한 비교연구 및 우리나라 대법원 판례 등을 국제적 사업자 간 용역거래의 '인수·수취 및 사용·향유' 기준에 따른 영역 등으로 나누어 분석·평가를

---

* 조세심판원 근무

제3장 | 조세법 박사학위 실제 사례(초록 중심)　**225**

수행한 결과, 더욱 포괄적인 '소비지국과세원칙'을 실현하기 위한 해석론 및 입법론이 필요함을 확인하였다. '국제적 사업자 간 용역거래'의 특성과 최근 세계화·디지털화되는 국제적인 조세 환경 등을 반영하여 EU 규범 수준 또는 이와 차별되는 일반적인 부가가치세 시스템(the common system of VAT) 정립을 위한 우리나라 법령의 해석론 및 개선방안은 다음과 같다.

첫째, '국제적 사업자 간 용역'의 국내 공급과 관련하여 부가가치세 목적상 이른바 '고정사업장(Fixed Establishment, "FE")' 개념은 소득과세 상 '고정사업장(Permanent Establishment, "PE")' 개념과 구별하여 법령에 규정되어야 한다. 부가가치세 목적상 "적극적 고정사업장(active FE)" 개념을 독자적으로 도입하면서, '국제적 사업자 간 용역거래'와 관련된 공급장소 규정을 법령에 명확하게 규정하는 정비방안을 제시하였다. 중장기적으로 업종별로 다양한 공급장소 규정을 보완해 나갈 수 있다.

둘째, '국제적 사업자 간 용역거래'에 있어 포괄적인 '소비지국과세원칙' 구현을 위해 현행 '대리납부 방식'을 EU, 영국 및 일본 법제 수준인 일반적인 부가가치세 제도로 개편하는 것이 필요하다. 1994년 「부가가치세법」 개정 전의 대리납부 제도로 돌아가 과세 사업자도 대리납부 의무를 지도록 법령을 개선한다. 역무를 제공받는 사업자가 납세의무를 부담하게 되는 '대리납부 방식'을 일반적으로 적용하여 국내 공급받는 자의 순부담 증가 없이 선행 세목으로서의 부가가치세 역할에 충실하고 소득과세의 기반을 마련하려는 입법 취지이다. 또한, '대리납부 방식' 적용 여부를 판단하는 방법으로 사업 장소와 '직접적 또는 즉각적인 관련(관여) 없음'[no direct or immediate link(intervention)]이라는 해석 지침을 제시하였다.

셋째, 현재 일부 EU 국가에서 적극적으로 적용되고 있는 '종속대리인 고정사업장(Dependent Agent Fixed Establishment, "DAFE")' 과세 방식을 해석론 또는 입법론 차원에서 도입하여 적극적인 세원 관리가 필요하다. "종속대리인 고정사업장(DAFE)"을 "고정사업장(FE)"에 대한 보완적인 개념으로 도입하고, 세계화 및 디지털화되는 국제조세 환경에서 '계약체결대리권 보유' 등과 관련된 해석 지침을 부가가치세 목적에 적합하도록 우선 마련해 나가야 한다.

넷째, 국외 용역을 주로 공급받는 국내 소재 사업장 중 후속적인 국내 거래가 단절되거나, 관련 후속 공급을 받는 사업장이 해외에 멀리 떨어져 있는 등 국내에서의 공급사슬(supply chain) 구조가 약하고 매출세액 발생이 미미한 경우에는 정책적으로 부가가치세가 면제되는 사업으로 규정하는 것이 필요하다. 사업자 본인의 면세사업에 해당 국외 용역을 사용하는 경우 현행 대리납부 규정에 따라 관련 부가가치세 매입세액이 불공제됨으로써 적절한 과세권이 국내로 배분되도록 하려는 정책 목적이다.

다섯째, '국제적 사업자 간 용역거래'에 적용할 수 있는 독자적인 "고정사업장(FE)" 과세 방식 작동을 위한 기본 조건, 용역의 공급장소와 "고정사업장(FE)"의 관계 및 국내 '사용과 향유'(use and enjoyment) 기준 등에 대한 새로운 해석방법이 필요하다.

이러한 부가가치세 과세 방식 개선 등을 위한 입법론 및 해석론을 통하여 '국제적 사업자 간 용역거래'에 대한 세원 관리와 납세자 권익 보호의 조화를 구현함으로써 국제규범과 동조화되면서 과세 방식의 선진화를 이룰 수 있다. '국제적 사업자 간 용역거래'와 관련하여 조세 중립성 원칙이 제고되고, 포괄적인 '소비지국과세원칙'이 실현될 것이다.

국외 용역을 제공받아 사용하는 국내 사업자는 국외 공급자와 협력하여 명확하고 순응성이 높은 방식으로 관련 세금이 성실하게 신고납부 또는 대리납부되기를 원할 것이다. 과세 관청과 납세자 사이에 적정하고 조화로운 협력 관계를 통하여 부가가치세 정책과 행정의 한 단계 도약을 이루어야 한다.

30. BEPS방지 다자협약 체제하에서 주요목적기준과 실질과세원칙의 해석 및 적용에 관한 연구

김명준*

본 연구에서는 BEPS 프로젝트의 일환으로 시행된 BEPS방지 다자협약에 주요목적기준이 도입됨에 따라 국내법상 일반 남용방지규정을 갖지 못한 우리나라의 경우 조세조약 남용상황에서 국내세법상 실질과세원칙의 적용범위와 요건을 조약상 일반 남용방지규정인 주요목적기준에 일치시켜야 할 필요성이 있는지 여부를 규명하였다. 특히, 주요목적기준과 수익적 소유자, 혜택제한규정 등 조약상 특정 남용방지규정과의 관계, 그리고 주요목적기준과 국내세법상 실질과세원칙 간의 관계에 초점을 맞추어, 조세 조약 해석론의 관점에서 조약상 일반 남용방지규정으로 도입된 주요목적 기준의 적용범위, 요건 및 효과 등에 대해서 어떻게 해석 및 적용해야 하는지를 살펴본 후, 이를 토대로 해석론과 입법론 차원에서 향후 주요목적 기준의 발전방향을 모색하였다. 우리나라 대법원은 그동안 실질과세원칙이 국내법상 일반 남용방지규정이 아니라는 전제하에,

---

전 서울지방국세청장

228 조세법 박사학위 논문, 어떻게 쓰나요?

조세조약 상황에서 실질과세원칙을 엄격한 요건하에 제한적으로 해석 · 적용해 왔기 때문에 국내세법상 실질과세원칙의 적용범위와 요건은 조약상 일반 남용방지규정인 주요목적기준보다 협소하고 엄격하다고 할 수 있다. 대법원은 실질귀속자의 요건을 검토함에 있어서 명의와 실질의 괴리의 존재를 전제로 그것이 조세회피 목적에서 비롯된 것인지 여부를 순차적으로 판단하고, 또한 실질계산원칙 또는 단계거래 법리에 의한 거래재구성 요건을 검토함에 있어서는 조세회피목적의 증명책임을 과세관청에게 부 여하고 있는데, 이는 거래 또는 약정의 주요 목적이 조약혜택을 얻기 위한 것인지를 관련 사실관계 및 정황에 대한 객관적 분석을 토대로 거래의 주된 목적이 무엇인지(주관적 요건)와 관련 조약규정의 목적에 부합하는지 여부(객관적 요건)를 종합적으로 판단하고, 과세관청과 납세자 사이에 증명책임을 합리적으로 배분하는 주요목적기준과는 크게 다르다. 이러한 조세조약의 해석 및 적용방식은 BEPS방지 다자협약 체제하에서는 조약법에 관한 비엔나협약, OECD 모델조세협약 주석 등 관련 국제기준에 부합하지 않는다. 따라서 BEPS방지 다자협약 체제하에서는 주요목적기준과 국내세법상 실질과세원칙의 적용범위와 요건 또는 판단기준을 일치시켜야 할 필요가 있다. 왜냐하면, 주요목적기준과 실질과세원칙은 법적 근거와 적용효과가 다르기 때문에 독립적으로 평가되어야 하지만, 조세조약 상황에서 실제 해석 및 적용 국면에서는 양자가 결합되어 동시에 적용되어야만 BEPS방지 다자 협약에 주요목적기준을 도입한 목적을 달성할 수 있기 때문이다. 이에 대한 논거는 다음과 같다. 첫째, BEPS방지 다자협약에 주요목적기준을 도입한 것은 조약남용 방지를 위한 최소기준의 이행목적상 일반 남용 방지규정을 갖지 못한 우리나라의 국내세법상 실질과세원칙의 적용범위 및 요건을 일반 남용방지규정인 주요목적기준에 일치시켜야 할 조약상 의무를 부여한 것으로 볼 수 있다. 왜냐하면, 조세조약 규정이 국내법상 남용방지 규정의 적용을 제한하는 일반적

상황과 달리, 일반 남용방지규정을 갖지 못한 국가들의 법원은 일반적으로 볼 때 자국의 사법적 전통 및 관행에 따라서 국내법상 남용방지규정 또는 사법상 법리를 조약남용 방지를 위한 최소기준인 주요목적기준보다 축소하여 해석할 여지가 존재하기 때문이다. 둘째, 합리적 사업목적이 없이 조세회피를 주된 목적으로 하는 인위적 약정은 세법상 부인되어야 하는 것이 국가 간의 법률관계에도 적용되는 일반 법원칙이기 때문에, 우리나라의 실질과세원칙과 같은 입법상 남용방지 규정 또는 사법상 법리를 조약상 일반 남용방지규정인 주요목적기준보다 좁게 해석할 경우 조약상 의무의 이행을 회피하는 것일 뿐만 아니라, 조세 조약의 상호주의 원칙에도 어긋난다. 이러한 해석은 OECD의 입장과 일치하고, 이중과세 위험을 증가시키지 않는다는 점에서도 설득력을 갖는다. 왜냐하면, 다른 체약국도 국내법상 남용방지규정 또는 조약상 남용법리에 토대하여 동일한 결론에 도달할 것이기 때문이다. 궁극적으로, 납세자의 법적 안정성 및 예측가능성을 보장하는 가운데 조약남용 행위를 사전에 방지하고 사후에 효과적으로 대처하기 위해서는 국내법상 일반 남용방지규정의 도입이 필요하다고 판단된다. 만약 우리나라 대법원이 조세조약 남용상황에서 주요목적기준과 국내세법상 실질과세원칙을 적용함에 있어서 국제기준에 부합하도록 경제적 실질 관념에 토대한 합목적적 해석을 통해 협소한 범위 및 엄격한 요건의 국내세법상 실질과세원칙을 조약상 일반 남용방지규정인 주요목적기준에 일치시킨다면 국내법에 명문으로 입법상 일반 남용방지규정을 도입할 필요성은 크게 줄어들 것이다. 그러나 우리나라 법원의 그간의 전통 및 관행 등을 엄밀히 평가해 볼 때, 조세조약상 주요목적기준과 국내세법상 실질과세원칙의 적용범위, 적용 요건, 해석방식 등을 일치시키지 않을 우려가 존재하는 것이 사실이다. 따라서 향후 대법원이 주요목적기준의 도입에 따른 국내세법상 실질과세 원칙의 해석과 관련하여 소극적 입장을 계속 유지할 경우에는 입법상 일반 남용방지규정을 명문으로 도입해야 할 필요성이 있다. 다만, 만약 BEPS방지 다자협약 체제 하에서 국내법상 일반 남용방지규정이 도입될 경우에는 조세조약 의무의 실효적 이행 및 납세자의 법적 안정성과 예측가능성의 보장을 위해, 그리고 조세조약 적용상황은 물론 국내거래를 포함한 일반적 상황에서의 적용상 혼란과 부작용을 방지하기 위해 일반 남용방지규정(GAAR) 자문위원회의 설치·운영 등 사전 예방조치도 함께 강구되어야 할 것이다.

박훈

주요학력

서울대학교 법과대학 졸업

서울대학교 대학원 석사 졸업(세법 전공)

서울대학교 대학원 박사 졸업(세법 전공)

일본 동경대학교 객원연구원

미국 UC버클리대학교 방문학자

주요경력

(교내)

서울시립대학교 대외협력부총장

서울시립대학교 교무처장

서울시립대학교 학생처장

서울시립대학교 입학처장(초대)

서울시립대학교 입학관리본부장

서울시립대학교 자유전공학부장(초대)

서울시립대학교 세무전문대학원장

서울시립대학교 세무학과장

(학계)

한국세법학회 회장

한국지방세학회 회장

한국납세자연합회 회장

한국법교육학회 회장

한국국제조세협회(IFA Korea) 차기회장

한국세무학회 세무학연구 편집위원장

한국세법학회 조세법연구 편집위원장

한국국제조세협회 조세학술논집 편집위원장

한국지방세학회 지방세논집 편집위원장

서울시립대학교 법학연구소 조세와법 편집위원장

IFA2018 세계총회 관리위원회 홍보분과장

(교외)
국세청 납세자보호관(개방직 국장)
국무총리실 조세심판원 비상임심판관
대통령실산하 재정개혁특별위원회 위원
기획재정부 세제발전심의위원회 위원
기획재정부 국세예규심사위원회 위원
기획재정부 조세개혁추진위원회 위원
기획재정부 국고보조금 유관기관협의회 위원
기획재정부 기금부담금운용평가단 위원
국세청 국세행정개혁위원회 위원
국세청 세무조사감독위원회 위원
중부지방국세청 국세심사위원
동대문세무서 이의신청 위원
행정안전부 지방세발전위원회 위원
행정안전부 지방세예규심사위원회 위원
서울시 지방세심사위원회 위원
법제처 법령해석심의위원회 위원
국회 입법지원 위원
국회 예산정책처 예산정책자문위원회 위원
서울중앙지검 상고심의위원회 위원
서울북부지검 조세범죄 전문수사자문위원회 위원
경실련 재정세제위원회 위원장, 토지주택위원회 위원장
아름다운재단 기부문화연구소 소장
한국YWCA연합회 감사

수상경력
홍조근정훈장(2023년 납세자의날)

대통령 표창(2015년 납세자의날)

기획재정부 장관 표창(2009)

납세자권익상(2012, 한국납세연합회)

조세학술상(2025, 공동, 한국세무사회)

우수논문상(2017, 공동, 한국조세연구포럼)

삼일우수논문상(2014, 공동, 한국세무학회)

논문대상(2008, 한국법교육학회)

신진학술상(2007, 한국세법학회)

심사상(2006, 한국세무학회)

AI와 함께 쓰는 조세법 박사논문 작성법

조세법 박사학위 논문,
어떻게 쓰나요?

초판인쇄 2025년 5월 19일
초판발행 2025년 5월 19일

지은이 박훈
펴낸이 채종준
펴낸곳 한국학술정보(주)
주   소 경기도 파주시 회동길 230(문발동)
전   화 031-908-3181(대표)
팩   스 031-908-3189
투고문의 ksibook1@kstudy.com
등   록 제일산-115호(2000. 6. 19)

ISBN 979-11-7318-409-3 93360